ÉTAPES

D'UN

MOBILE PARISIEN

PAR

Paul REVEILHAC

PARIS

C. MARPON ET E. FLAMMARION

26, Rue Racine, 26

1886

ÉTAPES

D'UN

MOBILE PARISIEN

TIRAGE A 1,050 EXEMPLAIRES

1 à 50 sur papier du Japon, gravures en deux états.
51 à 1,050 sur papier vélin du Marais.

*Les 50 exemplaires sur papier du Japon sont numérotés
à la presse.*

EXEMPLAIRE OFFERT

Le texte a été imprimé par CH. HÉRISSEY. d'Évreux
Et les gravures par C. CHARDON.

Sahib inv.

Clapès sc

ÉTAPES

DE LA

NOUVELLE PARISIEN

PAR

PAUL RÉVEILLAC

ÉTAPES

D'UN

MOBILE PARISIEN

PAR

Paul REVEILHAC

SIX COMPOSITIONS DE SAHIB

GRAVÉES PAR CLAPÈS

PARIS

C. MARPON ET E. FLAMMARION

26, Rue Racine, 26

—

1886

AUX MORTS

DU FORT D'ISSY

Pour se présenter dans un monde où l'on
est inconnu, il est de bon goût d'avoir recours
à un parrain.

Cet usage a pénétré jusque dans les mœurs
de la république des lettres, république fière
pourtant de son indépendance.

Aujourd'hui, tout nouvel écrivain, ayant le
respect de lui-même, n'aborde le public lecteur que sous l'égide de quelque vétéran de
la plume. En forme de préface, le *chevronné*
recommande son jeune camarade.

Pour tartiner une préface au livre d'un
conscrit, parlez-nous d'un Dumas fils, d'un
Sarcey, d'un Goncourt, d'un Zola !...

Nous ne dérangerons pas ces maîtres, pas

plus que personnage de moindre importance. Nous ne demanderons à aucune célébrité littéraire de nous prendre par la main pour nous faire faire la révérence d'usage ; en rustre, vivant le fusil sur le dos, en paysan que nous sommes aujourd'hui, nous nous présenterons nous-même avec nos gros sabots.

Il en est qui trembleraient. Nous, pas.

Nous ne nous sommes jamais livré qu'à des escarmouches de plume. Ignorant l'échec — faute d'avoir combattu — nous sommes très brave !

Notre thème roule sur la guerre de 1870, sur la Commune, cet épilogue de la guerre.

Thème banal, thème toujours nouveau !

A qui nous adressons-nous ?

A des camarades, à d'anciens compagnons d'armes — des Parisiens, il est vrai, sceptiques et goguenards souvent, bons diables toujours !

Si quelque lettré se fourvoie dans notre

auditoire, tant pis pour lui !... Tant pis pour nous !.. On tolérera sa présence, s'il est sage ; mais, s'il est grincheux, s'il veut faire du tapage et atteindre son sifflet, oh ! alors, nous nous défendrons, et c'est un des plus illustres parmi les siens qui fourbira nos armes.

« Il n'y a pas d'art de parler, pas plus qu'il n'y a d'art d'écrire. Bien parler, c'est bien penser tout haut. Le succès oratoire ou littéraire n'a jamais qu'une cause, l'absolue sincérité. »

Ce n'est pas un jésuite qui a dit cela. C'est M. Renan [1].

A ce compte, quel succès nous attend, mes enfants ! C'est votre histoire que nous allons raconter. Comment pourrions-nous vous tromper ? Si nous nous écartions de la vérité, vous seriez cent, vous seriez mille pour nous crier : Tu mens !

[1] Discours de M. Renan à l'Académie française, en réponse à celui de M. Ferdinand de Lesseps, récipiendaire.

La bonne foi sera notre loi. Nous écrirons comme nous avons vu.

Comparse dans le drame, nous éviterons de nous mettre en évidence. Laissant dans le carton nos notes les plus intimes, élaguant de notre récit nos émotions les plus vives, nous nous contenterons de grouper quelques scènes dont, Parisiens, vous serez les principaux acteurs.

Notre prétention ne s'élèvera pas jusqu'à chercher à vous instruire, encore moins à vous divertir, ce que nous avons à raconter n'étant pas drôle. Notre but, en crayonnant, sera de nous souvenir !

Nous écrirons comme nous sentons.

Ici nous entrevoyons quelques nuages...

Sans plus différer, nous vous dirons que, jusqu'à ce jour, la religion nouvelle ne nous a point touché de sa grâce. Nous retardons beaucoup. Notre école date de bien des siècles. Par exemple, nous faisons encore dériver Patrie d'un vieux mot latin, de *Pater*, tout en sachant bien que la science de l'étymologie a été abandonnée, depuis Arouet, aux nigauds et aux crétins !

N'est-ce pas, en effet, le seigneur, le dieu de Ferney, qui a appris un jour à l'Europe étonnée, qu'en changeant ἵπ en *che* et πος en *val*, on avait obtenu du mot grec, ἵππος, le mot français, cheval ?

Le dieu d'alors se contentait du sarcasme et faisait sa cour au roi de Prusse, en ridiculisant les Français, ses frères.

Les dieux du jour les feront tuer, ô fraternité ! Gambetta, l'outrancier, hier ; Ferry, le Tonkinois, ce nouveau protégé de la Prusse, aujourd'hui.

Bonnet rouge, rouge bonnet !

Si l'histoire des quinze années qui viennent de s'écouler vous paraît réjouissante, restez-en là, ne tournez pas le feuillet.

Certes nous ne cherchons pas à faire de la peine au pauvre monde.

Mais quand des dates comme le 4 septembre, comme le 18 mars, tomberont sous notre

plume, nous ne pourrons pas passer outre
sans protester en honnête homme contre ces
journées honteuses.

Tant pis pour ceux qui ont pris part à la
curée ; tant pis pour ceux qui se sont rués
sur « l'assiette au beurre » « pour s'en four-
rer jusque-là !... »

Nous les avons vus, ces piliers de brasserie,
ces culotteurs de pipes, garde d'honneur de
Gambette le Hutin (*Nadar invenit*), s'esquivant
de l'armée pour aller faire de la République
leur carrière, pour aller comme préfets,
comme sous-préfets, répandre en province la
bonne nouvelle, et, à l'exemple du maître,
entre le champagne et la fumée de cigares
« exquis », jeter à la foule leurs boniments.

Dentistes !

Vous tournerez le feuillet, vous dont « l'assiette au beurre » a été le fort d'Issy avec ses
obus et ses bombes !

Vous tournerez le feuillet, parce que vous
ne vous êtes pas garés dans les sinécures
civiles ; parce que, à défaut de sous-préfec-

tures, vous n'êtes pas allés dans le fond de quelque magasin, bien à l'abri du danger, prendre mesure de culottes, distribuer pain, sel et riz, botteler paille et foin ! En un mot, parce que vos services ne comptent pas à quelque compagnie de francs-fileurs, parce que vous êtes des braves !

Vous tournerez le feuillet, républicains sincères. Nous écrivons sans haine — mépris n'est pas haine. Nous ne flétrissons que les lâches. Nous respectons les convictions.

Vous tournerez le feuillet, vous tous qui aimez ce que nous aimons, vous dont la devise est, comme la nôtre : Dieu, Patrie, Famille. Trilogie admirable ! *Terminus esto triplex...* comme la Divinité même !

Soldats de l'armée du Rhin, de l'armée de la Loire, de l'armée du Nord, de l'armée de Paris, qui jusqu'au dernier jour, sans espoir ou le cœur plein d'illusions, avez pris part à la lutte... vous tournerez le feuillet !

Lanquetin, Desnoyers, Calmettes, Guyonnet, Etcheverry... Daleau, Lestourbeillon...

nobles cœurs disparus, modestes héros, victimes du devoir, nos morts du fort d'Issy, à qui nous dédions ces pages... vous seuls ne tournerez pas le feuillet !

Bonnevaux, 25 août 1885.

I

LE CAMP DE CHALONS

(AOUT 1870)

LE DÉPART

[...] berlin!... [...] que le roman [...]
[...] être poussé par une po[...]
[...] Nana important[...]
[...] quelques mill[...]
[...] venir [...] recevoir [...]
Heu[...]
doulou[...]
prompt [...]

Sahib inv   Clapès sc

LE DÉPART

A Berlin! à Berlin!... Ces cris que le romancier naturaliste se plaît à faire pousser par une populace en délire sous les fenêtres de sa Nana mourante, sortaient, le 31 juillet 1870, de quelques milliers de poitrines que venait de recouvrir l'uniforme.

Rêves patriotiques, que vous êtes loin! Que de douloureuses déceptions ont suivi votre trop prompt enthousiasme, ô mes chers camarades!

Si nous éprouvons une certaine hésitation aujourd'hui à remettre sous vos yeux nos désenchantements, nos misères, c'est que nous nous sentons bien compromis et qu'il nous semble que toutes nos récriminations vont retomber sur nous d'autant plus lourdement que nous mettrons plus de passion à les lancer et moins de sincérité à avouer nos faiblesses.

*
* *

Le 31 juillet 1870, vers deux heures de l'après-midi, trois mille jeunes gens environ formant le 2ᵉ régiment des mobiles de la Seine (4ᵉ, 5ᵉ, 6ᵉ bataillons) quittaient la caserne de Lourcine, le sac au dos, avec deux jours de pain. Soldats sans armes et n'ayant pour toute instruction militaire que les quelques leçons prises si bruyamment à Vincennes — on s'en souvient, — ils descendaient d'un pas mal assuré les rues étroites et pleines de fondrières du quartier Mouffetard, où parents, amis... et amies leur faisaient cortège. Il y avait de l'enthousiasme, on ne peut pas se le dissimuler, et plus d'un être pusillanime a crié ce jour-là : à Berlin !

Quel est celui d'entre nous qui ne se rappelle notre passage devant l'École Polytechnique, où les élèves, du haut de leurs fenêtres grillées, poussaient de tels hourras, que de la foule déjà surexcitée se détachèrent quelques chauvins fanatiques pour porter sur leurs épaules jusqu'à la gare de l'Est, comme des triomphateurs, quelques-uns de ces apprentis soldats !

Mais passons rapidement sur cette traversée de Paris par les boulevards de Sébastopol et de Strasbourg...

Quand on arriva devant les grilles de la gare de l'Est, parents, amis étaient confondus dans les rangs : ils ont porté les sacs, le pain... beaucoup gardent ce dernier. A quoi bon charger inutilement ces chers enfants... N'ont-ils pas de l'argent dans leurs poches, plein leurs poches ? Ne pourront-ils pas se procurer du pain de meilleure qualité que ce pain de troupe... là-bas à Châlons... à Berlin !...

Les gradés, pour la plupart aussi inexpérimentés que la troupe, s'efforcent de réunir leurs compagnies, leurs sections, leurs escouades.

On est entré dans la cour. On fait l'appel.

Depuis deux heures, on piétine sur place.

L'ordre de monter en wagon ne vient pas...

Parents et amis des deux sexes restés derrière les grilles interpellent nos jeunes gens.

Impossible de résister à ces avances :

— Allons, Alfred, encore un baiser !... Auguste, encore un litre !...

Les rangs sont rompus à nouveau...

Les officiers ne sont pas écoutés... On se rit de leurs menaces.

L'inquiétude commence à germer dans bien des cœurs ; devant l'imminence des événements graves qui se préparent, nos mobiles, hélas ! restent ce qu'ils étaient à Vincennes... des écervelés !

La douceur réussit mieux que la menace. Enfin, on a pu rassembler son monde à nouveau. Après un second, un troisième appel, on se met en mouvement pour gagner les quais d'embarquement.

Impossible de procéder avec méthode. Dès que le premier train est avancé, le bataillon, auquel il est destiné, se précipite sur les voitures et s'installe dans un désordre indescriptible.

Un wagon de première classe a été réservé aux officiers.

Le lieutenant-colonel Rambaud, commandant

le régiment, ancien grenadier de la garde, vieux dur à cuir, évidemment navré de s'être embarqué dans cette galère, est très nerveux. Aussi, quand il vient donner à M. Borot, commandant du 4ᵉ bataillon, ses derniers ordres, apostrophe-t-il en passant certain lieutenant plein d'élégance, porteur d'un foulard bleu, en lui demandant si c'est là un cadeau de son amoureuse !

Il était désorienté, lui aussi, le pauvre colonel !

L'*Ordonnance*, le 2 *novembre* 33, ce catéchisme du soldat, qu'était-ce devenu tout cela, grands dieux !

*
* *

Il est six heures, le train se met en branle... et bientôt l'appétit en fait autant. Lanquetin, jeune sous-lieutenant, tire de son sac une aile de poulet, qu'il dévore à belles dents. Le capitaine Billaudel le raille.

N'a-t-il pas, en effet, par télégramme, commandé un dîner fort complet à Epernay ?

On est parti avec deux heures de retard ; il sera huit heures et demie quand on arrivera à Epernay ; les estomacs délicats et susceptibles en souffriront peut-être, mais, à la guerre comme à la guerre ! n'est-on pas soldat ? Et puis, entre nous, le retard apporté au dîner sera bien compensé par sa qualité. Le buffet est bien tenu à Epernay, et le capitaine Billaudel est une fine bouche...

C'est avec onction et recueillement qu'il fait part du menu, spontanément venu à son imagination de gourmet :

Potage Saint-Germain ;
Truites de rivière au beurre d'anchois ;
Poulardes braisées à l'impériale ;
Filet de bœuf aux tomates ;
Bombe glacée,
Etc...

A cette nomenclature culinaire, l'eau serait venue à la bouche d'auditeurs moins affamés et... machinalement, tout le monde dans le wagon — à l'exception du Lanquetin repu — de tirer sa montre.

Comment, il est neuf heures, et on ne fait que quitter Meaux !

Mécanicien, le dîner se dessèche, ayez pitié du capitaine Billaudel ! Allons, chauffeur, du charbon !

A la Ferté-sous-Jouarre, la conversation languit, et le capitaine Billaudel dort ou fait semblant de dormir, car il se sent déjà légèrement compromis comme organisateur, aux yeux de ses camarades.

Nos soldats eux-mêmes, si bruyants au départ, se calment peu à peu ; certain froid, du reste, vient d'être jeté par la nouvelle de la mort d'un d'entre eux. Plusieurs voitures sont maculées de son sang... L'imprudent ne s'était-il pas avisé de monter sur le toit de son wagon ? Au passage d'un tunnel, il avait été décapité !...

On est à Damery-Boursault, station qui précède Epernay. Onze heures sonnent à un clocher voisin. Dans vingt minutes on pourra donc goûter au fameux dîner du capitaine Billaudel. Par son heure tardive, ce sera un souper !

Le train se ralentit, le train est arrêté. On se précipite à bas des wagons. Mais de nombreux employés de la compagnie de l'Est vous prient de remonter dans les voitures... On se croyait à Epernay... on est en rase campagne, à deux kilomètres de la ville, paraît-il.

La locomotive de repartir, enfin ! Jamais elle n'a filé aussi vite... Mais il est fou, ce mécanicien !... A toute vapeur il passe devant Epernay !

Des cris de rage sortent de ces boîtes roulantes ; le bruit des roues sur les rails est étouffé par les hurlements de mille fous qui, debout sur les marchepieds, suspendus aux portières, semblent déjà avoir oublié le sort de leur malheureux camarade décapité !

L'avant-veille, le buffet d'Epernay avait été mis au pillage par les mobiles du premier régiment. L'administration, pour éviter de nouveaux désordres, avait décidé que la station d'Epernay serait brûlée !

Le capitaine Billaudel parle d'intenter une action à la compagnie !

Du pain de troupe, acheté à des soldats qui ne se sont pas démunis de ce précieux fardeau, remplace les truites de rivière et les poulardes de Billaudel déshonoré...

Mais on n'a plus faim. On fume de désespoir une dernière pipe, on se pelotonne dans son manteau, on s'assoupit...

Avec le petit jour on arrivait à Châlons. A six heures, le train entrait en gare de Mourmelon...

L'ARRIVÉE

La nuit avait été pluvieuse. Une boue gluante s'attachait aux pieds de nos mobiles. En longue colonne ils suivaient par bataillons la route qui mène au camp.

Quoique l'on fût au fort de l'été, on avait froid : froid aux membres, qu'un sommeil réparateur n'avait pas reposés, froid au cœur... à l'approche de l'Inconnu.

La surexcitation du départ était tombée. Plus d'amis, plus d'amies !

Comme galerie maintenant, des « *trainglots*[1] », ces soldats modestes, que n'a jamais enflammé l'amour des batailles.

Les pieds mouillés, la tête lourde, le ventre vide, les cinq ou six kilomètres qui séparent les deux Mourmelon sont néanmoins franchis.

[1] Soldats du train des équipages.

Les baraquements sont dépassés.. On aperçoit les grandes tentes.

C'est charmant, les grandes tentes !

Qui ne se rappelle le camp de Saint-Maur, en 1859 ; les visites qu'on est allé rendre aux soldats de retour de la campagne d'Italie ? On avait dix ans, douze ans ! Que cela semblait beau, un soldat ! Que l'on aurait été fier de coucher sous ces tentes proprettes, coquettes ! Que le café offert par les vainqueurs de Magenta et de Solférino était délicieux !

A votre tour, aujourd'hui, chers camarades, de tâter du métier.

Vous avez été précédés par le premier régiment.

Voyez-vous de loin les pantalons bleus à bandes rouges, comme les vôtres, des mobiles des 1er, 2e et 3e bataillons ? Ils ont déjà du métier deux jours d'expérience, ceux-là. Ils vont vous faire part de leurs impressions, attendez un peu...

Mais le long de la route, dans le fossé, qu'est-ce que fait donc M..., futur auditeur au conseil d'État, aujourd'hui ardent apôtre du jérômisme ? Des camarades de Sainte-Barbe indiscrets vont vous le dire : M... est dans les vignes du seigneur, il cuve son vin ! Le malheureux ne dégrisera pas de toute la campagne !

Celui-là cherchera dans l'ivresse l'oubli de ses peines. Mais à quel degré d'abrutissement ne descendra pas cet autre qui n'aura pas l'éducation de M... ?

Les officiers vont encore avoir quelques beaux jours devant eux. Chacun aura sa tente fort convenablement meublée : lit, commode, table, fauteuil, etc.. Ces dames arriveront bientôt en foule de Paris, et seront fêtées, comme elles le méritent, après quelques jours d'absence. On compte les emmener à Berlin. Comment douter un instant du succès de nos armes? Ce sera un voyage charmant. On fera étape à Bade : c'est dans le programme. Rien ne sera donc changé à nos habitudes de vie galante et mondaine.

Mais vous, « *moblots* » sans galons, il va falloir dès aujourd'hui faire connaissance avec la misère !

Dix-huit par tente ! Allons, empilez-vous ! Comme matelas, vous aurez de la paille... un jour ou l'autre. Pour le moment, contentez-vous du fumier que vos camarades de « l'active » vous ont généreusement laissé en partant pour le Rhin.

Artisan, oublie ta mansarde ; « gommeux », résiste à l'odeur nauséabonde d'une demeure qui ne rappelle en rien ton entre-sol, aux tapis moelleux, qu'embaumait la femme aimée ! Adieu les soupers fins chez Bignon ! Aujourd'hui il faudra jeûner. Tu n'auras même pas à te mettre sous la dent un morceau de pain : hier, tu as dédaigné la double ration que t'octroyait l'État, tant pis pour toi !

On conçoit sans peine qu'un changement de vie aussi brusque ait aigri les cœurs de ces jeunes gens, à quelque classe de la société qu'ils appartinssent.

Quelle imprudence aussi de la part d'un gouvernement, de tenter un essai semblable avec une guerre sur les bras !

Le gouvernement impérial se disait fort ! Il eût prouvé sa force en violant une seconde fois la loi comme à ses débuts. Une seconde fois, son excuse eût été le salut de la patrie !

Il fallait, sans hésitation, dès le lendemain de la déclaration de guerre, envoyer quinze, vingt jeunes mobiles dans chaque compagnie ou escadron de l'armée active. Encadrés, noyés dans de vieilles troupes, ils eussent fait merveille. Et le poids de ces cent mille hommes nouveaux jeté dans la balance aurait sans aucun doute bien changé la face des choses !

Nous ne doutons pas que ce conseil, qu'indiquait le bon sens, n'ait été donné au malheureux empereur. Mais, sur le tard, l'empereur avait rengaîné son grand sabre de Décembre, et, pris de scrupules inattendus, cet utopiste faisait du parlementarisme ! Le moment était bien choisi, vraiment !

L'orage grondait.

Avec leurs discours fulminants et frappés, il faut le dire, au coin de l'éloquence révolutionnaire, les Bancel, les Gambetta allaient remplacer la vieille opposition, « l'opposition en faux-col » des Garnier-Pagès et autres bourgeois.... Rochefort avec sa lanterne était la coqueluche de l'époque. La jeunesse des écoles et des ateliers dévorait ce pamphlet haineux, spirituel, infâme, et, grâce à la liberté de la presse, ce corollaire du parlementarisme, s'arrachait toutes les feuilles fraîchement écloses dans les officines anarchiques.

Le principe d'autorité et ses représentants étaient calomniés, bafoués.

Liquidation sociale, suppression de la propriété, des armées permanentes, etc.. telles étaient les graves questions déjà à l'ordre du jour.

*
* *

Sortant de cette atmosphère viciée d'une société en décomposition, vingt mille hommes, à peine majeurs, des enfants, sont amenés à ce camp de Châlons, où tout va leur manquer pendant quelques jours !

Il y a peut-être là quelques vieux soldats, qui, par leur attitude grave, donneront l'exemple de la résignation, de la discipline, cette vertu primordiale des armées ?

Ah bien, oui ! L'élément militaire proprement dit sera représenté par un ou deux anciens sous-officiers dans chaque compagnie, la plupart le rebut des régiments. Dégoutés du métier, mais néanmoins infatués de leur instruction théorique, ces sergents n'apporteront dans notre jeune armée que des éléments de débauche, d'inconduite, d'insubordination...

LE SÉJOUR

Entendez-vous ces murmures?...

Du pain, de la paille ; de la paille, du pain !

Comment l'administration fournirait-elle ces éléments de vie : le manger, le dormir? Les magasins sont vides ! Du moins il faut le croire, l'intendant coupable ou affolé vient de se pendre !

Le mot, trahison ! vole de bouche en bouche...

Qui a vécu mêlé aux événements, en ces temps troublés, sait avec quelle facilité les hommes les plus calmes, en apparence, acceptent les bruits les plus absurdes. Quelle aubaine pour les agents de l'Internationale, ces ennemis jurés de tous les gouvernements ! Avec quel art ils sauront entretenir la défiance dans les cœurs de cette jeunesse trop facile à émouvoir !

Aujourd'hui, tout homme porteur d'une barbe blonde sera suspect...

M. A. H..., ce Parisien bien connu, arrive un matin à la gare de Mourmelon ; il vient voir son fils, sous-lieutenant au 4ᵉ bataillon. A peine sorti de son wagon, on lui met la main au collet ; on le coffre. Il a la barbe blonde — une superbe barbe blonde : donc c'est un Allemand, un espion !

Heureusement pour lui, il a de nombreuses références : un camarade de son fils vient le délivrer.

Dire avec quelle humour M. A. H... narra, le soir à dîner, les émotions de sa captivité, serait superflu. Excité par un auditoire bienveillant, aux bons mots il faisait succéder les traits plaisants, aux histoires gaies les anecdotes croustilleuses. Il était lancé ! Comme bouquet, cet ancien ami de Rachel conta comment, grâce à la tragédienne célèbre, il devint un jour directeur de la Maison de Molière... Une confidence salée !

M. A. H. en avait été quitte pour deux heures de « clou ». Cela lui avait semblé original, et il en riait.

Quelques jours après, un malheureux officier d'état-major, échappé de Reichshoffen, tournait autour du camp d'un air inquiet... Un zouave, un de ces nombreux fuyards, qui commençaient à se replier en mauvais ordre sur Châlons, aperçoit cet officier, qui, depuis le commencement de la campagne, depuis un mois, avait laissé croître sa barbe... Elle est blonde, sa barbe... Pour sûr c'est un ennemi ! Mais il porte l'uniforme français, cet homme... Ce ne peut être qu'un espion ! De le coucher en joue et de faire feu fut pour le zouave l'affaire d'un instant. L'officier échappa à la balle du chassepot, mais il faillit être écharpé par les mobiles. Il ne dut la vie qu'à l'intervention d'officiers, qui purent le conduire au quartier général.

Nous avons cité ces deux faits qui n'ont aucune importance en eux-mêmes : ils prouvent seulement combien la fibre patriotique, en attendant qu'elle devînt révolutionnaire, était facile à surexciter chez nos Parisiens.

Nous sommes arrivés au point capital de notre récit. Il faut vous mettre sous les yeux une scène pénible, scène lamentable, qui a dû faire exulter d'aise M. de Bismarck et tout patriote allemand. Nous voulons vous parler de la revue du Maréchal Canrobert, de cette journée néfaste, qui va jeter l'opprobre sur le nom parisien.

Certes, le Maréchal Canrobert est et restera une des plus nobles figures de soldat de notre siècle. Vous trouvez au plus haut point développées en lui ces deux vertus fondamentales des armées, des sociétés humaines : le courage, l'honneur.

Un petit travers, qui amènera le sourire sur les lèvres de l'homme du monde, mais que n'acceptera pas l'homme du peuple, la morgue, la « pose », pour nous servir de l'expression introduite dans le langage par ce dernier, fera tort souvent à ses meilleures intentions.

Une anecdote, sans doute faite à plaisir, qui a couru le Paris des dernières années de l'Empire, peint bien ce petit côté du caractère du héros de Crimée.

Une auguste personne le plaisantait un jour sur sa longue chevelure et l'engageait à en faire le sacrifice :

— Y pensez-vous, Madame ? Notre tête appartient à l'histoire !.. aurait répondu le Maréchal...

Devant Sébastopol il n'avait qu'à se montrer à la troupe, qui l'avait vu à l'œuvre, qui l'aimait, pour enflammer d'ardeur des soldats endurant stoïquement le froid, la faim, la maladie !

A Châlons, il crut que sa présence seule suffi-
rait pour apaiser ces murmures : « du pain, de
la paille ; de la paille, du pain ! »

Autre temps, autres hommes ! Le Parisien
sceptique de 1870 ne voulait voir que le petit
travers et ne se souvenait que de : *Rran...*

Personnellement irresponsable des désordres
de l'administration, le Maréchal, qui, paraît-il,
n'avait été prévenu par dépêche que le jour même
de l'arrivée des premiers bataillons, n'attendit
pas qu'ils fussent tous réunis pour se montrer,
pour passer une revue.

Par son prestige, il comptait soulever l'enthousiasme !

C'est le 4 ou le 5 août, si notre mémoire ne
nous trompe, qu'eut lieu cette trop fameuse revue.

Les huit ou dix bataillons nouvellement arrivés au camp sont rangés en bataille sur le front
de bandière. Les hommes sont sans armes... et
pour cause. Les tambours battent aux champs...

Voici le Maréchal, en grand uniforme, suivit
d'une escorte de lanciers... Il se présente au colonel du premier régiment, passe rapidement
devant le premier bataillon... Au second batail-

lon, il s'arrête et interroge un officier... A ce moment-là, son cheval, qui encense, touche presque de la tête le premier rang de nos mobiles, quand un gavroche, levant la main, s'avise de prendre le cheval par la bride pour jouer avec la gourmette de l'animal !..

Par un mouvement rapide, le Maréchal rassemblant sa monture se jette en arrière et foudroie du regard l'irrespectueux Parisien.

—Malheureux ! lui dit-il, ne voyez-vous pas que vous avez devant vous un Maréchal de France ?..

Dès les premiers roulements de tambour, les cuisiniers et leurs aides abandonnant le « *rata* » étaient accourus pour voir la «... *tête* » de Canrobert.

Pendant le défilé devant le 1ᵉʳ bataillon, ces groupes d'hommes en bras de chemise, en tabliers, celui-ci tenant à la main un balai, cet autre une botte de carottes, s'étaient tenus cachés derrière les tentes. Quand le Maréchal s'arrêta au 2ᵉ bataillon, ils s'enhardirent et, sortant de leur cachette, vinrent écouter ce qui se disait...

A l'apostrophe hautaine, que le fier soldat adressa à leur irrévérencieux camarade, mes-

sieurs de la cuisine de riposter par des « ho ! là
là ! », « et ta sœur ! » et de le suivre de plus en
plus nombreux, en murmurant d'abord, puis
enfin en criant à tue-tête sur l'air des lampions :
« *Rran,... rran,... rran...* »

Le Maréchal pressait sa marche, ayant évidemment hâte d'en finir. Passant devant le 4e bataillon, il fait signe aux officiers de repousser
cette tourbe insolente. Peine inutile !... Les mu-
tins se dérobent derrière les tentes pour se
reformer plus loin et continuer de faire la conduite au Maréchal...

Les rangs du premier régiment ont été rompus !... Tous les hommes se sont précipités en
arrière de la ligne que fiévreusement parcourt
Canrobert. Le nombre des braillards vient d'être
ainsi décuplé.

Le Maréchal est devant le 6e bataillon... Une
paillasse est lancée dans les jambes de son cheval.

— Tiens, v'là des poux !.. hurle un mobile...

Il n'y tient plus... Il lève la main d'un air de
menace... Au même moment, son chapeau tourne
sur lui-même et manque de tomber... Une pierre ?
une carotte ?... l'a touché...

A cette dernière insulte, le malheureux Maréchal, à bout de patience, se retourne vivement, pique des deux et, abandonnant son escorte, que vient d'envelopper cette foule inconsciente de sa folle conduite, se lance au galop de son cheval à travers la campagne !

Que de misères il vous faudra endurer, que de sang il vous faudra répandre, Parisiens, avant que l'on vous pardonne cette honteuse équipée !

Un de nos amis, l'autre hiver, causait de cette triste époque avec le Maréchal Canrobert, et comme il lui avouait qu'il avait servi dans la mobile de la Seine, un gros soupir souleva la poitrine du vieux soldat... « Pauvre enfant ! » murmura-t-il, en essuyant une larme !

*
* *

Quelle versatilité d'esprit ! Quelle mobilité dans les impressions !

Le temps est beau. On a de la paille fraîche. Coucher sous la tente aujourd'hui n'est plus pénible. Les distributions se font régulièrement. On mange à sa faim ; on boit... plus qu'à sa soif. Les tentes ont pris un aspect de coquetterie qui semble faire croire qu'elles ont pour hôtes de vrais soldats. Ces diables de Parisiens sont si « *débrouillards* », pour nous servir d'une vieille expression militaire, dont on abuse quelque peu aujourd'hui !

Les exercices ont lieu régulièrement deux fois par jour. Les progrès sont rapides. Il ne manque plus à la jeune troupe que des fusils !

*
* *

Mais quel est cet officier supérieur poussant son petit cheval blanc au milieu d'une foule qu le presse ? Pourquoi cet air triomphant ?

C'est le commandant Valette, qui arrive du quartier général en annonçant qu'une grande victoire a été remportée sur le Rhin ! Il tient à la main un papier « où c'est écrit ! »

La nouvelle de voler de bouche en bouche et de faire en quelques instants le tour du camp !

Ce n'est plus de l'enthousiasme, c'est du délire ! Que le Maréchal lui-même se présente, il recevra son ovation tout comme le commandant Valette. Le passé est oublié. On est tout à la joie.

Sarrebrück, Sarrebrück ! Victoire, victoire !

C'est avec fièvre que nos jeunes gens préparent pour le soir des réjouissances, des illuminations.

Pendant ce temps-là, les officiers supérieurs, ayant à leur tête le général Berthaut, vont adresser leurs félicitations au bon maréchal Canrobert, qui, lui aussi, semble avoir oublié le passé. Sa figure est rayonnante, et c'est avec conviction qu'il s'écrie en abordant ses visiteurs :

« Ah ! messieurs, les Prussiens ne se doutent pas de la pile qu'on leur prépare ! »

. . . .

. . . .

Mais passons rapidement sur ces souvenirs que l'écrivain souffre à rappeler, que le lecteur souffre à entendre. L'espoir déçu ! n'est-ce pas cent fois plus cruel à supporter que l'événement malheureux lui-même, si pénible qu'il soit ?

Ils vont marcher les événements !

Les Bismarks, en paille, remplis de pétards, qui en éclatant ont fait la joie de nos Parisiens... l'autre soir, fument encore, que la nouvelle de l'échec de Wissembourg tombe dans le camp, comme une bombe de malheur !

A l'échec de Wissembourg succède le désastre de Reichshoffen...

Les voyez-vous encore ces fuyards qui arrivent isolément, sans fusil, sans giberne ! L'uniforme ne tient plus au corps, la démoralisation est peinte sur le visage. C'est la défaite, la cruelle défaite !

Cuirassiers, sans cuirasse, sans casque, en « *godillots* », traînant péniblement leur sabre, quand ils ont un sabre ; zouaves et turcos à cheval, pêle-mêle, se pressent à l'entrée du camp, mendiant leur pain.

De l'armée vaincue de Mac-Mahon voilà les restes !

Les meneurs de l'Internationale abasourdis par le succès imaginaire de Sarrebrück relèvent la tête. Cette fois, à eux la victoire !

Pendant la nuit du 16, l'Empereur est arrivé en personne à Châlons, incognito, pour ainsi dire, en isolé, lui aussi... Tout s'écroule autour de lui... Il se cache.

Son bon peuple de Paris, représenté par la mobile, a découvert sa présence et va lui faire une gracieuse ovation :

« *Vive l'Empereur!* », crie « *Gugusse* » de sa voix traînante et éraillée de faubourien ; et les camarades, en chœur, comptant avec ensemble : *une, deux, trois!* de répondre...

... Monsieur Margue, à vous la parole...

Puis, c'est l'odieuse *Marseillaise*, prélude invariable de l'émeute... Elle ne cessera plus de nous assourdir, à moins que ce ne soit quelque chanson obscène à l'adresse de celui qui est encore pour quelques jours le souverain.

La révolution menaçante approche... Ne pouvant la bâillonner, il faut la flatter...

Le général Trochu passe pour populaire. On se jette à sa tête... On le jette à la foule... On le nomme gouverneur de Paris... Et le premier acte du nouveau gouverneur va être de ramener la mobile à la capitale, de rendre l'enfant à sa mère pour « défendre ses foyers » !

LE RETOUR

Dans le silence d'une nuit d'insomnie, on a cru entendre, on a entendu le grondement lointain du canon, derniers échos de Forbach, de Gravelotte... Ce bruit sinistre oppresse... On meurt làbas !...

Le plus brave, celui-là qui donnerait volontiers, dès aujourd'hui, en une seule fois, tout son sang pour la Patrie, pour sa pauvre Patrie épuisée, est lui-même envahi par je ne sais quel trouble !

La Mort, cette vieille coquette, toujours aux aguets, toujours en rut, apparaît à cet homme de vingt ans comme une maîtresse qui s'impose, inéluctable...

Ah ! Alvare, ce n'est plus là le trouble que tu ressentais à la voix caressante de Biondetta, ton diable amoureux !

. . . .

Mais à travers les sombres voiles de la nuit, que

est ce spectre noir? Quelle est cette tête plus noire que la nuit elle-même? Nous nous sommes soulevé sur notre couche pour braver cet être immonde, ce démon... Horreur! L'odieux fantôme tient entre ses dents blanches de nègre un doigt tout sanguinolent sur lequel brille, comme une escarboucle, un merveilleux diamant!

Rêvons-nous? Pourquoi ce cauchemar?

Une rencontre de la veille nous a causé cette pénible hallucination.

Ce merveilleux diamant, au matin de Wissembourg, était encore à la main de quelque général, de quelque grand-duc peut-être?

Après la bataille, un « turco », non pas un arabe, un kabile, mais un de ces monstres sortis des sables de l'Afrique centrale, type d'Ethiopien, de Troglodyte, se l'était approprié en coupant avec ses dents de hyène le doigt de l'Allemand enflé par la mort, auquel il tenait comme vissé.

Nombreux témoins de la scène où ce chacal, ce vampire expliquait par gestes sa criminelle conquête, à ce souvenir, ne frissonnez-vous pas encore?

Ecœurant lendemain des batailles!

Mais il ne doit pas être question ici de bataille.

Plût au ciel que, dès ce jour, on en fût venu aux mains, nous n'aurions pas à étaler de nouvelles hontes !

*
* *

Il faut partir. Il faut quitter ce camp de Châlons et faire place à « l'active ».

Triste retour des choses d'ici-bas : les soldats de l'armée du Rhin n'avaient laissé à la mobile que de la paille consommée, la mobile ne laissera pas un fêtu à l'armée de Sedan !

Dès minuit, l'ordre de départ est arrivé. Le paquetage commence, les sacs sont bouclés. Dans les rues du camp on se bouscule, on rit, on chante, on crie...

On est prêt, mais il fait nuit.

Que faire en attendant l'heure du départ, le jour ? Se chauffer.

On sort des tentes tout ce qu'il y a de paille ; on l'accumule, on y met l'allumette. En quelques instants on se croirait au centre d'un immense incendie. Malgré les ordres d'arrêter ces feux, la paille, le bois des cuisines, tout ce qui est combustible flambe de plus bel.

Ce spectacle est grandiose. Il ne rappelle en rien les feux de bivouac, feux couverts, que souvent on doit cacher à l'ennemi, mais bien plutôt ces feux de la Saint-Jean, feux de joie épars dans la campagne, mais qu'ici nous voyons accumulés les uns contre les autres sur une étendue de plusieurs kilomètres.

Feux de joie ! Sinistre pressentiment.

Dans quelques jours, semblables colonnes de flamme et de fumée s'élèveront au ciel, mais, cette fois, pour détruire cette partie du camp où se dressent les baraquements, maisons construites à la légère — en planches, pour la plupart — qui entourent le quartier général.

Vengeance de l'ennemi, qui voulut anéantir ce camp de Châlons, où, pendant tant d'années de prospérité, les armées impériales, de retour de Crimée, d'Italie, par leurs évolutions savantes, par leur belle tenue, excitèrent l'admiration et l'envie de l'étranger ?

Amour de la destruction chez cette population immonde de Mourmelon, ce lupanar, ramassis de souteneurs et de filles, alliés conscients ou inconscients des Allemands, vainqueurs avant eux des trois quarts de cette jeunesse, qui allait rentrer

dans son Paris, perdue de blessures honteuses ?
Qui le sait ?

**
* *

Le jour commence à poindre.

On bat, on sonne le rappel du 1er bataillon ;
une demi-heure après, celui du 2e. C'est au 3e de
partir ; c'est enfin au tour du 4e.

Les faisceaux sont rompus, car, depuis huit
jours, nous avons des fusils, des fusils dont on
n'est pas bien fier, des fusils à tabatière. Il
faudra changer cela. Ce n'est pas que l'arme soit
mauvaise, mais elle manque de chic ! Pourquoi
pas des fusils à pierre ? Nous prend-on pour des
gardes nationaux, des pompiers ?

Allons, en route ! « moblots », vous adresserez
vos réclamations, quand vous serez à Paris, à
votre général, à Trochu, votre idole.

Ne perdons pas notre temps, marchons !

Quarante kilomètres à parcourir sont une étape
sérieuse, même pour des soldats aguerris. Excel-
lents Parisiens, qui n'avez jamais traîné vos
guêtres que sur les boulevards, pour vous ce sera
dur à avaler !

Vous n'êtes pas encore arrivés à la première halte que les à-coups commencent !

Il faut avoir commandé la 8e compagnie d'un bataillon marchant par la droite pour se faire une idée de la fatigue qu'occasionnent ces à-coups incessants ; ralentir le pas, le précipiter pour le ralentir à nouveau, épuisent bien vite une troupe...

Enfin, péniblement on a gagné la grande halte ; on est à mi-chemin ; il va être onze heures.

C'est le moment de reprendre des forces, de déjeuner. On aura jusqu'à midi pour se livrer à cette opération, dont le troupier, comme le chasseur, voit toujours arriver l'heure avec plaisir.

Partis à l'improviste, on s'était embarqué sans biscuit. Les quelques hameaux qui s'étagent de loin en loin sur cette route blanche de la Champagne Pouilleuse ont été épuisés par le passage des premiers bataillons. Le vide est fait. Pas un œuf, pas une bouchée de pain, pas un verre de vin ! Il faudra aller jusqu'à Reims avant de trouver quelque aliment.

*
* *

Edgard B..., lui, pourtant, avait pris ses précautions. Quel estomac !

La veille du départ, il avait reçu de Paris un superbe pâté de foies gras, un de ces pâtés à servir sur une table de vingt-cinq couverts. Comment va-t-il l'emporter? Sa cantine est comble.

Son hésitation ne sera pas de longue durée.

Il enlève le couvercle et, armé d'une cuillère, avale le contenu, comme si c'eût été un simple tapioca.

Vous croyez peut-être qu'il va offrir à quelque soldat ce qu'il paraît dédaigner un instant, la croûte? Ah bien oui! Cette maçonnerie épaisse en un clin d'œil est absorbée.

Et qui est le plus furieux en ce moment, le plus exaspéré? Qui bat la campagne avec le plus d'acharnement en quête de vivres? C'est notre camarade Edgard B...!

Ce Gargantua minuscule, qui ne pesait guère plus de cent livres, fut un terrible compagnon pendant la période du siège. Du reste, tout lui était bon : chiens, rats... Rien ne lui répugnait. Il ne se faisait pas faute non plus d'écœurer ses voisins de table pour faire passer leur part dans son assiette...

*
* *

L'estomac vide, il faut donc se remettre en route, nous ne dirons pas d'un pied léger, car officiers et soldats accablés tirent la jambe. Le pas est constamment rompu par les à-coups devenus de plus en plus fréquents. Les premiers bataillons ont déjà laissé en chemin de nombreux traînards. Ceux-ci se jettent au hasard dans les rangs de la première compagnie qui passe. La queue du bataillon s'allonge, et il devient impossible aux gradés de remettre l'ordre dans une troupe où ils ne reconnaissent plus leurs hommes. Un soleil brûlant vous accable et une poussière crayeuse, épaisse, dont seuls les Champenois peuvent se faire une idée, vous aveugle, crie sous la dent, vous prend à la gorge, vous étouffe. Comme un troupeau de moutons on arrive en vue de Reims.

Un rien suffit pour abattre le Parisien ; il faut un rien pour l'exalter.

En vue de Reims il reprend courage, rectifie de lui-même sa tenue. Un quart d'heure de halte a suffi pour transformer l'aspect du bataillon.

On entre en ville.

Les tambours battent plus ou moins en

mesure ; les clairons sonnent plus ou moins juste.

Néanmoins toutes les femmes sont dans la rue... les curieuses !

> L'heureux pays que celui de Champagne !
> Des vins exquis parfument la montagne.
> Le peuple est bon, les maris point jaloux,
> Et le beau sexe a le cœur aussi doux
> Que les moutons qui peuplent la campagne [1].

Il s'agit de défiler gaillardement devant le beau sexe. Nos mobiles n'y manqueront pas.

Ils effaroucheront, scandaliseront par leurs chansons égriardes les plus pudibondes de ces boutiquières. Mais nous sommes en Champagne, le pays des bons contes et des facétieux récits : plus d'une de ces dames sourira, n'est-il pas vrai ?

Reims est traversé, Reims, la ville aux larges voies, la ville sainte des siècles passés, aujourd'hui la ville goguenarde, spirituelle, industrieuse, bientôt l'objectif de l'Allemand, qui sait devoir y trouver bon gîte et bon vin !

---

[1] Comte de Chevigné. — *Contes rémois.*

On marche directement sur la gare où l'on arrive vers quatre heures. L'embarquement ne doit avoir lieu qu'à six heures. Les hommes sont parqués dans la cour, où on leur fait une distribution de vivres.

Les officiers, de leur côté, profitent de ces quelques instants pour aller en ville secouer le plus gros de la poussière de l'étape et restaurer leur estomac délabré.

Des fenêtres de l'hôtel où ils se trouvent, ils peuvent voir la vieille cathédrale, l'œuvre admirable de Robert de Coucy, basilique sacrée où sont venus s'incliner tous nos rois. C'est là que, l'oriflamme en main, entra un jour l'héroïque et naïve Lorraine, que Michelet, ce grand sceptique, dans un élan d'enthousiasme, déclare sainte, la seule sainte, le seul saint de France !

Ah ! Pucelle, que ton grand cœur doit gémir ! Cette France que tu as tant aimée, dans quelles mains est-elle, dans quelles mains va-t-elle tomber ? O *Puella aureliaca*, qui portera à ta place l'étendard de la Patrie?... Marianne, la vierge folle !

Souvenirs de gloire, vestiges du passé, beautés architecturales, vous préoccupez peu en ce moment nos dineurs, qui, les coudes sur la table, vident un dernier verre !

Ils ont rejoint leurs hommes dont la fatigue a abattu l'entrain. Aussi l'embarquement a-t-il lieu relativement avec calme et le retour sur Paris s'opère-t-il un peu moins bruyamment que le départ.

*
* *

Beaucoup de nos jeunes gens croyaient retomber en plein Paris. Grand fut leur désappointement de se trouver à Nogent-sur-Marne.

Ils avaient quitté Châlons pour Saint-Maur.

C'était encore la vie du camp qui les attendait, et ils en avaient assez !

Cette proximité de la capitale fut bien pernicieuse à la mobile. A l'appel du soir, plus d'une fois, la moitié des effectifs étaient envolés.

Qu'est-ce que cela devait être après le grand jour

*
* *

Il approche, le grand jour. Jour de honte ! jour de stupeur !

Quatre-vingt mille hommes ont mis bas les armes !... L'Empereur a rendu son épée !...

Il n'y a plus d'armée ? Détail. — Il n'y a plus d'Empereur ? Ah, pour le coup, bravo !

Vous êtes bien les maîtres, messieurs les francs-maçons. Les Français sont attérés, profitez-en ; disposez de la France !

*
* *

Saltimbanques du 4 Septembre, fauteurs de l'orgie carnavalesque et sanglante du 18 mars, quand nous la rendrez-vous, notre France bien aimée ?

Encore aujourd'hui votre esclave, elle marche — si se traîner peut s'appeler marcher — sur les mains, la tête en bas, les pieds en l'air ; la plus noble partie d'elle-même humiliée, l'autre, habituée à vivre dans la boue, toute désorientée d'être si haut placée.

Mais il faudra faire cesser cet exercice hors nature, il faudra mettre fin à ce martyre.

La patrie de Duguesclin, de Jeanne d'Arc, de Bayard, n'est pas faite à votre image !

Clowns grotesques de la politique, quittez la scène. Rentrez bien vite dans la coulisse ou, gare à vos reins ! Un autre que M. Loyal va prendre la chambrière, à moins que le stick du général X... ne suffise...

La France souffre, mais elle n'est pas décapitée. Sachez-le, nos maîtres.

L'honneur, le talent reprendront leurs droits... un jour qui est proche...

Les avocats retourneront à leurs dossiers, les médecins à leurs malades et les sous-vétérinaires... à l'école...

. . . .

. . . .

Souvenir des journées des 3, 4 et 5 septembre, déjà confus dans notre esprit, puissiez-vous à tout jamais vous effacer de notre mémoire !...

Le camp est désert. Seuls, quelques officiers, aux allures inquiètes, s'entre-croisent, se communiquant les nouvelles de Paris...

La Chambre envahie ! Le Sénat...?

L'Impératrice régente disparue ! Rochefort à

l'hôtel-de-ville, et les Allemands avançant sur la capitale à marches forcées !...

Au milieu de ce désastre, un seul homme reste debout, Trochu le mystique, roseau peint en fer, honnête, impuissant, voué aux gémonies !

O vous, qui avez dans le cœur l'amour de la Patrie, pleurez, pleurez ! !...

II

LE 5 JANVIER 1871

II

… général Vinoy sur Paris fut
… de la campagne du
Rhin.

… sources.

L'armée …
malgré son peu … était

Sahib inv.　　　　　　　Clapès.sc

II

La retraite du général Vinoy sur Paris fut comme le dernier épisode de la campagne du Rhin, quoique Metz tînt encore.

L'investissement de Paris était imminent. La grande ville allait être livrée à ses propres ressources.

L'armée de Vinoy, épuisée et démoralisée, malgré son petit nombre de combattants, était encore la force la plus respectable qu'on pût opposer à l'ennemi envahisseur. Aussi ne devait-elle pas avoir de poste de combat assigné. Le rôle qui lui était réservé — rôle qu'elle ne put pas remplir — devait être de percer, à un moment donné, les lignes allemandes et de tendre la main aux armées organisées en province. Dans ce but, on lui adjoignit les troupes régulières des dépôts et un grand nombre de bataillons de mobiles, venus des quatre coins de la France à l'appel du ministère Palikao, véritable organisateur de la défense de Paris.

Les autres combattants furent répartis dans les forts entourant la ville. Et plus particulièrement les dix-huit bataillons de la capitale furent chargés de cette défense, qui leur incombait de droit.

Les 4ᶜ et 5ᶜ bataillons de la Seine eurent l'honneur d'avoir comme poste de combat le point le plus périlleux de l'enceinte, le fort d'Issy, ce nid à bombes !

*
* *

Le 8 septembre, musique en tête !.. ils y firent leur entrée.

Depuis cette époque jusqu'au jour terrible dont nous voulons esquisser l'histoire, ils s'y comportèrent dignement.

Spectateurs ou acteurs aux combats de Châtillon et de Bagneux, journellement sur le qui-vive, ils firent quelques reconnaissances heureuses...

De nuit comme de jour, des compagnies détachées allaient hardiment tourmenter l'ennemi jusqu'au château de Meudon, dans les bois, dans le bourg de Clamart, où celui-ci tenait ordinairement de grandes masses concentrées.

Souvent on y laissait de ses plumes : bon nombre de camarades partis gaiement, comme à la promenade, rentraient au vieux fort sur le brancard, une jambe ou un bras avarié... quand ce n'était pas directement au fossé final qu'on les portait !

Souvent aussi l'entreprise avait été couronnée de succès : un poste ennemi enlevé ! Quelques prisonniers entraînés au fort !

Ces jours-là on était en liesse, et nos Parisiens Roger-Bontemps arrosaient le bifteck de cheval de quelques bouteilles de Sillery ou d'Ay mousseux, ce souvenir du camp de Châlons !

Le 4ᵉ bataillon, qui nous intéresse particuliè-rement, représentant la population du IVᵉ arrondissement de Paris, était composé en majeure partie de jeunes gens de la classe moyenne : peu de fortune d'une part, peu de misère de l'autre, ces deux dissolvants des masses !

Parmi ces fils de bourgeois et d'artisans on comptait bon nombre d'élèves des écoles, quelques artistes, des musiciens entre autres. Ces derniers avaient beaucoup de succès auprès de leurs camarades.

On jouait la comédie. Dans quelque situation qu'il soit, au Parisien il faut la comédie. On la jouait alors, on peut le dire, sur un volcan !

Quinze ans de liberté, d'égalité et de fraternité — d'hypnotisme? — n'avaient pas encore fini de paralyser le jugement de cette jeune génération, et lorsqu'à la guerre étrangère vint succéder la guerre civile, bien peu de nos soldats prirent part au mouvement communaliste[1].

L'esprit de la troupe était donc bon ; et, malgré quelques espiègleries, la discipline ne laissait pas tant à désirer qu'on aurait pu le croire,

[1] Notes et pièces justificatives nᵒ 1.

quand on se rappelle et Châlons et Saint-Maur.

C'est pénible à dire, les gradés n'étaient pas à la hauteur des soldats.

Quelques vieux officiers de l'armée active, dès l'organisation de la mobile de la Seine en 1869, étaient entrés là pour augmenter leur retraite. La guerre déclarée, un grand nombre, sous prétexte d'âge ou d'infirmités, rentrèrent dans la vie civile. Puis vinrent les élections... Pénible souvenir ! Beaucoup de sergents instructeurs — voire même peut-être des tambours — furent du coup élevés au grade de capitaine ! Plusieurs de ces gaillards-là, qui n'étaient pas des tambours — pour ces derniers, cette réminiscence de leur premier état eût été une excuse — devaient filer avec la caisse de leur compagnie ; et quelques mois plus tard, mis en goût par ces premiers galons, on aurait pu les retrouver colonels... dans l'armée des Flourens, des Cluseret, des Dombrowski...

Bien évidemment les meilleurs officiers de la garde mobile furent encore les jeunes gens de famille, qui, s'ils n'avaient pas une instruction militaire bien développée, pour la plupart avaient du cœur. Et, pour faire la guerre, il faut du cœur ; nous ajouterons, il faut de la jeunesse !

Tous ces garçons de vingt à vingt-quatre ans venaient de faire en peu de temps un dur apprentissage de la vie, de la vie militaire en particulier. Soldats par occasion, si leurs débuts avaient été pénibles, aujourd'hui aguerris, ils étaient bien identifiés avec la situation, et, on peut le dire, prêts à toute éventualité.

*
* *

Les nouvelles de la province devenaient de plus en plus rares. Quant aux armées qu'elle devait nous envoyer, on n'y comptait plus guère... et pourtant l'espoir soutenait encore les cœurs, et les discours de quelques pessimistes ne trouvaient que peu d'écho.

Aussi, quand la nouvelle année arriva, la salua-t-on comme l'apparition d'une ère nouvelle. Enfin... on respirait ! 1870, qu'on appelait déjà l'année terrible, était passé !...

Au fort d'Issy, on la fêta gaiement cette nouvelle année, cette année 1871, qui, elle aussi, portait dans ses flancs de grandes tristesses et d'amères déceptions !

Outre les deux bataillons de mobiles, la garnison se composait d'un détachement de ligne et d'armes spéciales — artillerie, génie.

Officiers de toutes armes, au sortir de leur mess particulier, se réunirent le soir dans les salles du 4e bataillon, où une réception avait été organisée.

Toute la nuit, le punch flamba ! et, si petits fours et sandwichs manquèrent pour soutenir les estomacs de cette jeunesse affamée, du biscuit de troupe mijoté pendant vingt-quatre heures dans le kirsch ou le rhum, puis saupoudré de sucre et rissolé devant le feu,... servi à discrétion eut un succès fou, qui valut à l'inventeur de la recette une véritable ovation.

Entre deux tournées de rafraîchissements et de gâteaux — à la mode d'Issy — un ténor sympathique mais enroué soupira la romance du *Premier Jour de bonheur :*

> J'ai vu s'écouler ma fortune...

Marie-Rose manquait, hélas ! pour donner la réplique au Capoul improvisé. Aussi, au ténor sympathique succéda le violoniste amateur, qui, par vengeance sans doute, massacra la marche du du Tanhaüser, cette œuvre d'un ennemi de la France !

Des artistes de métier relevaient heureusement de temps en temps la partie dramatique et musicale de la soirée et suspendaient quelques instants le brouhaha qui tendait à devenir général.

Au milieu de cette gaîté et de cet entrain bruyant, un mot revenait sans cesse sur les lèvres ; et, dans tous ces petits groupes, où l'on disputait, on n'entendait que : bombardement, bombardement...

Ah ! dame, c'était là la grande préoccupation. Le *to be or not to be* de la garnison !

Aussi les docteurs ès-art militaire discutaient-ils comme des enragés...

— Nous serons bombardés, criait l'un !

— Je vous dis que nous ne le serons pas, ripostait l'autre !

Ils n'avaient pas longtemps à attendre pour être fixés sur leur thème de dispute !

*
* *

Le 2 janvier au matin, il fallait avoir bien de l'entêtement pour ne pas reconnaître l'évidence des dispositions des Prussiens à nous adresser prochainement leurs étrennes !

Sur la butte de Châtillon, à la Tour à l'Anglais, existait encore la veille un bouquet d'arbres qui avait longtemps servi de point de mire à nos artilleurs.

Le 2 janvier au matin, il n'y avait plus d'arbres ; mais en arrière de leur emplacement, sans être sorcier, à la vue des terres remuées, tout simple « moblot » pouvait dire : il y a là une batterie qui nous menace.

Si, au fort, commandant supérieur, officiers d'artillerie et de génie, niaient l'évidence, à Paris, on savait à quoi s'en tenir, car, dès le lendemain, l'ordre fut envoyé de la Place de faire évacuer immédiatement les casernes.

Les casemates ne pouvant contenir toute la garnison, un bataillon de mobiles dut partir.

A la nuit tombante, on sonna le rappel du 5e bataillon. Avec armes et bagages il se rangea en bataille dans la cour.

Le colonel Rambaud, commandant le 2e régiment de la garde mobile de la Seine (4e, 5e, 6e bataillons), après avoir passé en revue, dans l'ombre et en silence, ces hommes, sacs au dos, prêts à le quitter, leur adressa quelques paroles émues, où, en peu de mots, il leur expliqua « qu'il ne pouvait les suivre ; que, considérant le 4ᵉ bataillon comme au poste le plus périlleux, lui, colonel, il était de son devoir, de son honneur d'en partager la fortune ! »

Les casernes furent donc abandonnées par la troupe, qui s'empila dans les casemates, affreux cabanons privés d'air et n'offrant aucune ressource pour les nécessités de la vie.

Messieurs les officiers ne se souciaient guère d'abandonner leurs chambres dans le bâtiment qui leur avait été jusqu'alors réservé ; et, malgré un ordre formel, les trois quarts, par négligence ou forfanterie, n'avaient pas encore délogé le 5 janvier au matin.

Ce matin-là devait avoir lieu une reconnaissance importante faite par des troupes extérieures.

Notre 5ᵉ bataillon, cantonné dans le village d'Issy, en faisait partie avec des mobiles de la Somme, en tout une couple de milliers d'hommes.

L'objectif, comme toujours, était les abords de

ce plateau de Châtillon... perdu si maladroite-
ment le 19 septembre !

Dès la veille au soir, le corps d'officiers avait
été prévenu officieusement ; et, au petit jour,
bon nombre de ces messieurs, qui n'étaient pas
de service, étaient venus respirer l'air matinal
au bastion 2, pour assister en amateurs aux péri-
péties du combat.

Il était sept heures.

Déjà on entendait les bataillons rangés dans la
tranchée du chemin de fer ou autour de la gare
de Clamart se former en colonnes d'attaque.

Déjà quelques éclaireurs s'avançaient dans les
vignes, lorsque le colonel Guichard, commandant supérieur du fort, vint se joindre au groupe
d'officiers, qui, jumelles en mains, critiquaient
les dispositions prises ou simplement disser-
taient par avance sur les résultats de la reconnaissance.

La ligne des tirailleurs était arrivée à cent
mètres environ du Moulin-de-Pierre, lorsque les
premiers coups de feu se firent entendre.

Le canon du fort, par quelques obus lancés en
avant, appuyait le mouvement agressif.

L'ennemi ne donnait pas signe de vie !

Les têtes de colonne allaient aborder le Moulin-de-Pierre sans résistance, lorsqu'une mousqueterie des plus nourries arrêta net nos troupes !

La fusillade de part et d'autre était devenue on ne peut pas plus vive ; et, anxieux sur leur bastion, les officiers du fort suivaient les différentes phases de la lutte, qui semblait tourner à notre désavantage, quand un obus vint éclater à quelques mètres d'eux.

La surprise fut générale, et déjà on se demandait du regard : est-ce là le commencement du bombardement ? lorsqu'un officier du génie, se détachant du groupe, alla ramasser un éclat d'obus de campagne, et le montrant au commandant supérieur, lui dit d'un air goguenard et dédaigneux :

— Ce n'est pas encore avec ces joujoux-là, mon colonel, que messieurs les Prussiens démoliront le fort d'Issy !

L'imprudent n'avait pas encore la bouche close que le bruit de la fusillade était couvert par la voix de plus de cent canons petits et gros, qui, en une seconde, faisaient éclater plus de cent obus sur le rempart, où soldats et officiers affolés se culbutaient, chacun en toute hâte regagnant son poste !

Du coup, le bombardement était bien commencé [1] !

Depuis plus d'un mois, par ordre supérieur, le fort ménageait — trop, hélas ! — ses munitions, dont il avait été si utilement prodigue aux débuts de l'investissement.

L'ennemi, profitant de ce relàchement dans notre tir, avait pu établir des batteries de position, et sur le plateau de Châtillon (2,000 m.) et à la Platrière (1,800 m.) et à Meudon (2,000 m.) puis finalement au Moulin-de-Pierre (1,100 m.), en tout douze batteries de gros calibre, dont les projectiles mesurant 55 centimètres de hauteur étaient dirigés sur le malheureux fort, sans compter les mortiers de 32, lançant des bombes du plus grand modèle [2] !

A cette attaque subite le fort répondit de son mieux.

Le commandant Huot, cet homme de bien, qui, dans la casemate, matin et soir, au pied de

[1] Notes et pièces justificatives n° 2.
[2] Notes et pièces justificatives n° 3.

son lit, à genoux, ne rougissait pas de faire sa prière, peu soucieux des regards sceptiques de quelques-uns, la figure toujours sereine, était là ferme à son poste de combat. On aurait pu le voir à ce bastion 2, qui, avant la fin de la journée, ne devait plus offrir qu'un monceau de ruines, commandant lui-même le feu d'une grosse pièce de marine, donner le signal à l'artillerie du fort de lâcher sa bordée.

Noble et vaillant soldat, tes efforts furent vains, mais tu méritais bien l'honneur de réduire, quelques mois après, ce même fort — aux mains alors des pires ennemis de la France — qu'aujourd'hui tu défendais avec ton modeste courage!

Au bout de deux heures de cette lutte inégale, la voix des canons d'Issy se tut. Pas une pièce ne restait en batterie : toutes démontées! et, une des plus grosses, enfilée par un obus ennemi, était là gisante au bas du rempart, dans la cour, sans espérance pour les assiégés de jamais la revoir reprendre sa place au combat!

*
* *

Le réveil des camarades restés dans la caserne fut épique !

Comme ils ne croyaient pas au bombardement, ils se demandaient pourquoi tant de bruit ?

Mais, quand ils virent les plafonds de leur chambre s'écrouler, les cloisons voler en éclats, ils commencèrent à comprendre qu'il se passait quelque chose d'anormal... et qu'il était temps de déguerpir !

Il n'y avait pas encore un quart d'heure que le branle-bas était commencé, que nos gaillards arrivaient un à un, en courant : celui-ci, en bras de chemise, en bonnet de coton ; cet autre, en caleçon, tenant son sabre d'une main, traînant sa cantine de l'autre...

Spectacle grotesque, s'il n'eût été terrible !

Enfin, tous, sans accident, étaient arrivés à la casemate, déjà occupée depuis la veille et l'avant-veille par les plus prudents et les plus sensés. Mais celui-ci s'aperçut bientôt qu'il était sans linge ; celui-là, accouru en pantoufles, sans chaussures ! Tel autre avait carrément abandonné cantine et le reste....

Quelques audacieux, aidés par leurs ordonnances, tentèrent le sauvetage de leurs effets les plus indispensables ; beaucoup comptèrent sur la générosité de leurs camarades pour subvenir à leur entretien !

Depuis plus d'une heure, officiers de tous grades étaient là à l'entrée des casemates et regardaient piteusement tomber dans la cour cette pluie d'obus et de bombes.

Le sol était labouré.

Gabions et fascines composant certains « pare-éclats » ridicules, disposés méthodiquement par les soins du génie dans cette cour, comme des petits bosquets dans un parc, volaient dans tous les sens.

Déjà une fumée noire et épaisse s'échappait de l'aile gauche de la caserne, si précipitamment abandonnée tout à l'heure par les officiers, dont bon nombre étaient bien sots maintenant, ayant perdu vêtements de toute sorte, condamnés à rester sans rechange pendant combien de temps ? Dieu seul le savait !

L'un d'eux, le capitaine Daleau, surnommé Cœur-d'Acier, qui courageusement avait sauvé son matériel lui-même, tout à coup, sans qu'on pût l'arrêter, prend son élan, saute dans la cour, disparaît à tout moment enveloppé dans le feu et la fumée des projectiles qui éclatent sous ses pieds, arrive au perron et s'engouffre dans ce bâtiment d'où s'échappent déjà des flammes !

A la recherche de quel trésor était-il donc parti? Quel précieux souvenir avait-il donc oublié ?

Ses camarades anxieux comptaient les minutes, les secondes, car on l'aimait bien, malgré ses vivacités, ce pauvre « Hing! », ce Gascon de la plus belle eau, qui avait encore attrapé ce second surnom, pour avoir toujours cette exclamation étrange à la bouche.

Enfin le voilà redescendu, il est sur le perron, il s'oriente... Jamais il ne pourra franchir à nouveau cette cour, de près de deux cents mètres de large, où il n'y a pas un pied carré du sol qui ne soit déjà couvert d'éclats de projectiles !

Il s'élance encore une fois sous cette pluie de fer et de feu! A ce moment, du bâtiment qu'il vient de quitter, comme d'un bol de punch, auquel on a présenté l'allumette, jaillit une flamme bleuâtre qui donne à cette scène un aspect fantastique. Éclairé par cet incendie, on le voit traverser invulnérable, comme un démon en plein enfer, cette tempête qui semble devoir tout anéantir sur son passage. Il approche, il est là, tenant en l'air dans la main droite un objet sans doute bien cher! Qu'est-ce donc?

Un serin !

Oui, un serin, un petit serin jaune, qui, blotti dans un coin de sa cage éventrée par un obus, dans son langage de serin, fait à son vieil ami ses petits couïc, couïc...

Que dire d'une telle folie ?

L'homme ici-bas a sa destinée vraiment bien écrite ! Comment le soldat ne serait-il pas quelque peu fataliste ?

L'heure du capitaine Daleau n'était pas encore sonnée, quoiqu'elle fût proche!.. mais ce n'était pas devant l'ennemi qu'il devait mourir... malheureusement pour lui, pauvre vieux brave [1] !

*
* *

Mais voici que l'attention est tout à coup détournée par des gémissements, qui se font entendre dans la casemate voisine, l'ambulance ! Les gémissements sont entrecoupés de termes de marine : larguez!.. larguez!..

Ah, le malheureux ! c'est Desnoyers, jeune

[1] Notes et pièces justificatives n° 4.

sous-officier de mobiles, qu'on vient d'apporter, les deux jambes pendantes, ne tenant plus au corps que par quelques chairs en lambeaux.

C'est le major Beaumanoir, médecin de la marine, qui, avec ses aides, va trancher ces deux membres devenus inutiles : « Larguez! » leur crie-t-il, « larguez !... » Peine superflue ! Desnoyers, fils d'un de nos grands savants, jeune savant lui-même, plein d'avenir, rend entre les mains du docteur le dernier souffle de vie, en soupirant :

— Mon Dieu, que la gloire coûte cher !

Le corps du malheureux est enveloppé dans sa capote et déposé là dans un coin : il faut faire de la place aux autres !

Allons, docteur, à l'ouvrage ! La casemate s'emplit, les clients attendent !

En voici un qu'il est bien inutile de faire souffrir : il a perdu connaissance, il n'en reviendra pas ; passez à un autre.

A qui le tour ?..

Et le grincement de la scie, qui mord sur un corps dur, se faisait entendre, suivi toujours de ces mots : « Larguez ! larguez... ! »

Ce bruit de membres, qui tombent, comme des

bûches sous l'outil du scieur de bois, est insupportable à entendre ; la vue de ce sang, qui coule sur les mains, sur les tabliers blancs des médecins et de leurs aides, fait pâlir malgré soi.

Sortons de là.

Mais où aller ?

Se battre... en finir ?...

Ah, oui ! se battre... avec un ennemi enfoui dans ses tranchées à deux kilomètres de là !

Non, il faut attendre.

Il faudra mourir là, bêtement, sous quelques décombres, si la chance ne vous permet pas d'aller vous faire casser la tête, au moins au grand jour, sur les remparts !

Successivement deux nouvelles graves se répandent :

La pompe du puits est démolie. Plus d'eau à espérer !

Cela n'a l'air de rien, ces mots : plus d'eau. Passe pour un jour, mais pour vingt-deux jours, comme cela doit être !

Plus d'eau !

La première casemate de la courtine 2-3 est

défoncée : douze hommes ont été tués du coup.

L'émotion fut grande.

Même dans les casemates, ces trous fétides, il n'y a donc plus l'espoir d'être momentanément à l'abri !

Une seconde casemate vient d'être percée.

Que faire ?

Empiler des sacs-à-terre, construire ainsi un mur devant celui qui s'écroule, semble le seul moyen pratique de se protéger.

Mais, pour faire des sacs-à-terre, il faut des sacs, il faut de la terre.

Des sacs, on en a des milliers; mais de la terre, de la terre meuble, comment s'en procurer ?

Eh bien ! qu'on aille en prendre dans les fossés, dit le génie avec désinvolture, donnant une nouvelle preuve de son imprévoyance.

Tous les hommes, qui ne sont pas de garde aux chemins couverts, sous la direction de leurs officiers, descendent aux fossés.

Là, les obus, venant frapper l'*escarpe*, se brisent et font voler leurs éclats dans tous les sens. Semblables à ces toupies, qui, lancées par un ressort, frappent à droite, frappent à gauche les parois du meuble, du vase qui les contient, les éclats d'obus, rejetés de l'*escarpe* contre le mur opposé, la *contre-escarpe*, font souvent plusieurs fois ce trajet avant de s'arrêter.

Quel travail obtenir sous ce chassé-croisé de projectiles ?

Dès qu'un homme tombait frappé, tous les autres couraient dessus pour l'emporter au fort, afin de se soustraire eux-mêmes au danger. Le commandement devenait impossible. On n'arrivait à rien.

La terre étant gelée, on arrachait péniblement la surface avec des pioches. Mais ce n'était pas de la terre meuble qu'on obtenait, comme bien vous pensez. Les pelles ne remplissaient les sacs, pour ainsi dire, que de cailloux !

En moins d'une demi-heure, une vingtaine d'hommes avaient été tués ou blessés, et on n'avait pas produit cent de ces mauvais sacs-à-terre !

Il était inutile d'insister.

On remonte dans les casemates. En passant devant la cour, on eut sous les yeux un spectacle grandiose et terrifiant.

Les deux grandes casernes et tous les bâtiments adjacents étaient en flammés, et de ces flammes sortaient des crépitements, dont on ne s'expliquait pas la cause : on aurait pu croire, un instant, que, l'ennemi étant dans le fort, un combat s'y livrait, lorsque sortant de dessous terre, on entendit tout-à-coup ces espèces de feux de pelotons.

De nombreux paquets de cartouches, laissés par les hommes dans les chambres abandonnées précipitamment, étaient la cause de ces détonations successives, qu'on s'expliqua bientôt.

*
* *

Il est quatre heures. Une légère accalmie règne depuis un moment.

Deux officiers traversent la cour se dirigeant vers la casemate du commandant supérieur.

Quels sont ces étrangers ?

Le plus jeune porte les aiguillettes d'officier d'ordonnance. Qui n'a pas reconnu ce boulevardier, ce Parisien dans l'âme ? Qui n'a pas reconnu le prince Georges Bibesco ?

Le plus âgé, la casquette à la main, salue les bombardés.

A l'aspect de ce crâne complètement chauve, de ce front bombé, de cette épaisse moustache noire, on se sait en présence du gouverneur de Paris, du général Trochu, qui, le stick à la main, le sourire aux lèvres — la mort dans l'âme ! — rend visite à des soldats, dont il envie sûrement le sort, car ils lui semblent bien près du tribunal de ce Dieu auquel il croit, auquel il aspire !

L'homme n'aime pas se savoir abandonné.

Aussi, cette visite du gouverneur, cette conversation avec les officiers, avec la troupe, relève les courages sur le point de défaillir.

***

La nuit était arrivée, et on se serait cru en plein jour.

Les casernes continuaient à flamber ; les murs s'écroulaient ; des poutres enflammées volaient en éclats ; les obus sifflant et bondissant sur la terre gelée et dure comme la pierre, se brisaient en mille morceaux ; des gerbes de feu, de plomb, de fer se perdaient dans des nuées de fumée pour retomber et semer la terreur ou la mort ! Des bombes monstrueuses, en arrivant sur ce sol pétrifié, y produisaient néanmoins des excavations de près d'un mètre de profondeur, et quand les voûtes des casemates en étaient atteintes, l'ébranlement était tel que l'homme avait peine à se tenir debout.

*
* *

La casemate des officiers du 4ᶜ bataillon était fortement menacée. A chaque projectile venant frapper l'*escarpe*, on entendait un bruit sourd, indice certain que le mur cèderait bientôt.

Le jeune Caen, sous-lieutenant au bataillon, élève de l'Ecole Centrale, détaché au génie, eut tout à coup une inspiration.

Pourquoi ne pas fouiller la casemate et extraire la terre qui devait être sous les pieds?

Cette idée lumineuse fut mise à exécution sur le champ.

Pendant près d'une heure, on n'obtint que des cailloux mélangés d'un peu de sable. On désespérait. Quand, ayant soulevé avec les pioches une dernière couche de béton, on se trouva en présence d'un lit de sable fin.

La joie folle du mineur, qui, sur le point de défaillir, vient de mettre à jour un filon de pépites — pour lui la fortune ! — ne peut être comparée à celle de ces hommes, à la vue de cette trouvaille, plus précieuse pour eux que tout l'or de la terre, à la vue de ce sable, leur salut !

Le bruit de la découverte se répandit vite. Alors on vit quelque chose d'extraordinaire. Dans toutes les casemates, chacune pour son compte, officiers d'un côté, soldats de l'autre, se mirent à l'ouvrage.

*
* *

Plus de hiérarchie.

Ici, dans la casemate des officiers du 4e bataillon, les capitaines sont devenus simples manœuvres : c'est le sous-lieutenant Caen qui commande. D'un côté on pioche, de l'autre on emplit des sacs. Le sable est tellement bon et fluide qu'à un moment donné la pioche devient inutile, la pelle suffit. Déjà un millier de sacs sont prêts. Caen empile lui-même, croise ses sacs méthodiquement, en homme sûr de lui et connaissant son affaire. Le travail est fébrile. On ne s'arrête que quelques minutes pour tremper du biscuit dans le vin ou boire un verre d'eau-

de-vie : on n'avait encore rien pris depuis la
veille !

A deux heures du matin s'élevait un mur, de
plus d'un mètre d'épaisseur, au fond de la casemate, et, au petit jour, ce mur était doublé !

C'était le salut, au moins pour quelques heures.
Véritable travail de Pénélope, que, chaque jour,
il fallut recommencer !

*
* *

Un homme, d'une grande intelligence et d'une
rare énergie, fut envoyé au fort, vers le milieu de
janvier, trop tard, hélas ! C'était un officier du
génie, le capitaine Robert de Saint-Vincent.

D'un coup d'œil il vit les erreurs commises. Il
aurait voulu les atténuer. Pour cela, il eût fallu
des bras... et les pauvres mobiles n'en avaient
plus ! Ceux que le feu avait épargnés, étaient
minés par la fièvre ; et de graves bronchites
avaient réduit, depuis le commencement du bombardement, l'effectif des compagnies de plus de
moitié.

Est-ce sur la plainte de M. de Saint-Vincent
que le gouvernement de Paris résolut de renou-

veler la garnison ? Toujours est-il que le colonel Rambaud, ayant eu vent de ce qui se tramait, trouvant son honneur et celui de sa troupe engagés à rester au fort d'Issy, dussent-ils tous y périr sous les décombres, fit biffer cet ordre.

— Il faut que la chèvre broute là où elle est attachée, disait « *le vieux mâle* [1] ».

Du reste, on attendait d'un moment à l'autre l'assaut... Et quelle troupe était mieux disposée à recevoir l'assaillant que ce 4e bataillon, qui connaissait son vieux fort, comme le marin connaît son vaisseau ?

Ce n'est pas en un jour qu'on peut se retrouver dans ce dédale de souterrains, de chemins couverts, de poternes, de pas-de-souris, où, à tout moment, on vient heurter contre chevaux de frise, palanques, trous de loup, chausse-trapes.

Mais, l'assaut attendu, l'assaut désiré ne devait pas venir !

Et pourtant, il y avait là deux brèches béantes, que des Français n'eussent pas été longs à escalader !

[1] Surnom que, dans leur estime, les mobiles avaient donné au colonel Rambaud.

L'Allemand ne fait pas la guerre avec élan. Il la fait sans son cœur, il la fait avec sa tête, en mathématicien. Il avait calculé que Paris devait mourir de faim, à telle date. Il attendait.

Cet ennemi de glace, inexorable comme le Destin, ne s'était pas trompé.

Le 27 janvier, ayant mangé son dernier cheval, son dernier rat, Paris capitulait !...

III

AU FORT D'ISSY

III

On dit vulgairement de l'homme du monde, ayant jeté son patrimoine aux quatre vents des plaisirs, qu'il a *mangé* sa fortune.

Mais de l'ouvrier, rentrant chez lui les poches vides, après une semaine de labeur, on dit qu'il a *bu* sa paye.

La passion de l'alcool est la dominante caractéristique du peuple. La durée relativement

longue du siège de Paris ne tient, croyons-
nous, qu'à cette cause : l'abondance du vin.

Avec ses trente sous par jour et ses libations
quotidiennes, la majorité ouvrière, maîtresse de
la situation politique, ne demandait que la pro-
longation de l'état de choses. La Commune l'a
prouvé.

La période du siège restera un idéal de vie
pour la plèbe des faubourgs.

L'atelier est fermé. Plus de patron !

On a bien encore un chef, le capitaine ; mais,
grâce à l'élection, on a pu choisir le camarade
le plus taré, le plus nul, un soliveau. La régula-
rité des distributions remplace l'économie do-
mestique nécessaire au fonctionnement de tout
ménage. On se laisse vivre ; on se promène ; on
joue au bouchon, au chien vert !... [1].

Au bourgeois, toute la misère, au bourgeois
dont la politique s'appelle : laisser-faire ! Au
bourgeois, qui ne sait ou qui n'ose se défendre, et
que ne corrigera pas cette cruelle leçon !

Niveleurs, quel rêve ?

Le rentier meurt de faim !

---

[1] Notes et pièces justificatives n° 5.

Sans doute, il est des rentiers prévoyants qui, ayant accumulé vivres de toutes sortes dans leurs caves, dans leurs greniers, auront jusqu'au dernier jour des victuailles fraîches ou de conserve à se mettre sous la dent. Mais gare aux perquisitions !

Que d'ennemis les entourent ! Voisins, concierge les observent.

Avec leurs richesses gastronomiques, ils seront souvent aussi malheureux que les moins privilégiés. Véritable supplice de Tantale ! ils n'oseront pas toucher à leurs provisions, par crainte d'être vus, quand cela ne sera pas par économie, en prévision de temps plus durs encore !

Que de curieux tableaux la vie parisienne, pendant le siège, peut offrir au chroniqueur ! Ceci semble difficile à croire : il eût été plus facile, à la fin de janvier, de trouver un lapin, un véritable lapin, qu'un chat ! Le chat était devenu un mythe.

*
* *

Le lendemain ou le surlendemain de l'armistice, trois Anglais pénètrent dans Paris et vont droit chez Voisin, le restaurateur bien connu de la rue Saint-Honoré, dont l'établissement, hospitalier aux bourses rondes, demeura, durant ces mauvais jours, le rendez-vous des gourmets. Ils demandent qu'on leur serve « *un diner de siège* » — une originalité bien digne de fils d'Albion. Le maître d'hôtel de leur proposer du thon, du cheval, du chat, ces mets courants des assiégés... Ce fut du lapin, du bœuf, du veau que mangèrent sans s'en douter nos trois « Goddem » ! Rats, chiens, chats, chevaux même, étant introuvables, le maître d'hôtel avait dû se rabattre sur sa réserve de viandes moins hétéroclites, réserve qui, du reste, allait lui devenir inutile devant l'imminence du ravitaillement.

C'est de la bouche même du maître d'hôtel que nous tenons le fait.

***

Les étrennes du 1er janvier consisteront en échange de victuailles. Mais avec quelle prudence il faudra opérer les transports !

Il nous a été raconté que, par une après-midi de cette époque, ingrate aux estomacs délicats, un financier, aussi connu dans le monde galant qu'en Israël, portait à sa belle, en guise de fleurs, un superbe cuissot de terre-neuve, quand, en pleine rue, il se fit souffler cette nouvelle clé des boudoirs. Deux gavroches, comme deux roquets, s'étaient attachés à sa piste et le poursuivaient de l'apostrophe faubourienne :

— Ohé, l'aristo !

Aux deux roquets s'étaient joints quelques bouledogues... Encore un peu, c'est une meute que l'enfant de Jéhu va avoir à ses trousses. En homme avisé, pour sauver le bâtiment, il sacrifia la cargaison ! On en rit encore à son cercle.

*
* *

Mais laissons là Paris et Parisiens, bourgeois et gardes nationaux. Occupons-nous du soldat, du vrai, de celui qui se bat.

Lui aussi reçoit sa ration journalière, mais il ne sera pas fâché, tant qu'il le pourra, d'ajouter quelque supplément à la distribution administrative.

11

Jusqu'à la fin d'octobre, les reconnaissances, qu'on lui fera faire, ne seront souvent que de petites expéditions en l'honneur de M. Ventre.

Il faut disputer les dernières récoltes aux Prussiens. Combien de camarades paieront de leur vie quelques boisseaux de pommes de terre !

C'est encore au fort d'Issy que la pensée nous ramène...

Le cadre est délicieux.

La vue est charmée par de riants paysages.

L'oreille est flattée par le nom même des lieux qui nous entourent.

Là-haut, c'est Châtillon. Derrière la montagne, vous devinez Robinson, Fontenay-aux-roses, cette première étape de la vie, pour vous, anciens élèves de Sainte-Barbe. A gauche, voici Bagneux et son bois, où il fait si bon cueillir la fraise, à deux, dit la chanson ; en face de nous, Clamart ; puis, sur la droite, le val Fleury, Meudon, la Seine, Saint-Cloud !

Perdus au milieu de vignes et de bois, villas, châteaux, palais s'étagent sur les flancs de ces coteaux pleins de poésie et de richesses, que commencent à cuivrer les premiers jours d'automne...

Adieu, paniers, vendanges sont faites !...
Châtelains et villageois se sont enfuis...
Il y a dix siècles, sur ces mêmes rives de la Seine, dès que le « cor d'ivoire » retentissait, personne n'aurait regardé derrière soi, à l'approche des Normands !... Le cor d'Hastings aujourd'hui, c'est le canon Krupp, qui remplit la vallée de la Bièvre de ses sourds grondements !...

*
* *

Pendant la matinée du 19 septembre, les Parisiens purent voir, du haut de leurs remparts, au-dessus de Châtillon, d'innombrables petits nuages blafards, en forme de ballon, apparaissant et disparaissant au milieu de pâles éclairs !

Assister à un vrai combat, voir éclater de vrais obus, entendre les décharges de l'artillerie, les roulements grêles des mitrailleuses entremêlés des crépitations de la mousqueterie, quel spectacle nouveau et passionnant pour ces habitués des drames et des féeries du Châtelet !

Le silence s'est rétabli, hélas !

Sur les flancs de la colline maudite glissent maintenant de longues files rouges, semblables à des ruisseaux de sang... Tranquillisez-vous, bonnes gens, ce n'est qu'un effet d'optique ! Les longues files rouges sont produites par l'ensemble des pantalons de nos soldats — des zouaves — zouavettes enrégimentés de la veille, c'est leur excuse !

Les premiers, ils ont lâché pied et viennent honteusement jeter la panique sous les forts, jusque dans les faubourgs de Paris.

Ce jour-là, ce fut un bataillon de mobiles de la Seine qui sauva l'honneur du drapeau. Quand le commandant Vernou de Bonneuil, avec son 8e bataillon, battit en retraite, le reste de l'armée, depuis plus d'une heure, avait renoncé à la lutte.

Ce jour-là même, les Allemands, dit-on, auraient pris Paris, sans coup férir, s'ils eussent poussé vigoureusement leur pointe en avant. Bien des hommes du métier sont de cet avis... Mais, nous, défenseurs des forts d'Issy, de Vanves et de Montrouge, nous protestons tous !

Reconnaissons que les Allemands ont été sages en ne compromettant pas par un coup d'audace, qui pouvait avorter, tous les brillants résultats de leur campagne.

Grâce à un mouvement savamment combiné, en quelques heures, ils venaient d'envelopper Paris. Ils l'avaient isolé de la France, du monde... Il ne leur restait plus qu'à attendre.

La garnison du fort d'Issy, partie en observation au Moulin-de-Pierre, partie dans le fort même, avait suivi de l'oreille, plutôt que des yeux, les phases de ce trop court combat.

Après avoir entendu la batterie française, installée sur la hauteur de Châtillon, ouvrir son feu, puis l'arrêter inopinément ; après avoir vu la débandade des troupes engagées, ne devait-elle pas s'attendre, à tout moment, à l'apparition de l'armée prussienne sur les hauteurs ?

Châtillon cependant demeurait désert et silencieux...

Enfin, vers trois heures, un groupe de cavaliers de se montrer, tout à coup, sur la crête de la montagne, pour s'évanouir presque aussitôt.

Le colonel Guichard, commandant supérieur du fort, auquel on affirme la présence de l'ennemi, demande, par prudence, des ordres à la Place.

Il lui est répondu immédiatement : « Châtillon est évacué, tirez. »

Quelques minutes après, une pièce de marine, du bastion 2, ouvrait le feu contre ce plateau de Châtillon, cause de tous les malheurs qui doivent suivre, ce plateau si légèrement abandonné — auquel on aurait dû se cramponner, — position dont le moins expérimenté des mobiles comprenait toute l'importance [1].

Pendant la première nuit de l'investissement, la garnison, composée d'éléments fort jeunes, partant très impressionnables, fut tout nerfs.

La 8e compagnie du 4e bataillon reçut, cette nuit-là même, le baptême du feu.., feu français, il est vrai !

Ayant été envoyée en grand'garde, au-delà du cimetière d'Issy, elle fut assaillie d'une grêle de balles venue des chemins couverts du fort.

L'officier, qui la commandait, releva heureusement, sans accident, toutes ses sentinelles et se

[1] La journée du 19 septembre fut des plus malheureuses ; elle eut sur l'avenir de la défense une influence fatale. (*Le siège de Paris*, par le général Vinoy, t. II, p. 147.)

replia derrière le mur du parc d'Issy, d'où il pouvait encore faire face à l'ennemi.

Dès le lendemain, il ne fut plus envoyé de grand'garde extérieure. La grand'garde resta aux chemins couverts, jusqu'à nouvel ordre.

Le calme est rentré dans les esprits.
L'ennemi fait le mort.

*
* *

Par ce temps de défaillance générale, on est heureux de pouvoir saluer au passage un homme de cœur.

L'exemple va nous venir d'en bas.

C'est un simple paysan, un vieillard, qui doit nous montrer, durant ces quatre à cinq mois de siège, comment on fait son devoir, comment on sert son pays.

Nous avons nommé le garde champêtre de Clamart.

Clamart a été abandonné de sa population, comme toutes les communes suburbaines. Seul, cet humble fonctionnaire est resté à son poste.

Il risque à tout moment de se faire prendre par les Prussiens, de se faire fusiller. Il leur échappe toujours, les observe, et rend compte au colonel Guichard de leurs moindres mouvements.

Un jour, il arrive au fort, tout radieux ; il a fait une découverte. En fouillant maison par maison son village, il a vu, dans une boulangerie, abandonnée précipitamment par son propriétaire, une certaine quantité de sacs de farine. Il faut à tout prix s'en rendre maîtres, pense-t-il, avant que l'ennemi n'en ait connaissance. Il s'offre comme guide.

Le colonel Guichard n'eut garde de rejeter la proposition ; et, le jour même, il prit les mesures nécessaires pour mener à bonne fin l'entreprise.

N'était-ce pas une occasion de tâter l'ennemi, d'aguerrir ses jeunes troupes, et, en même temps, une excellente aubaine ? La farine, en temps de siège, vaut bien la poudre !

Le colonel Rambaud reçoit le commandement de la reconnaissance et prend ses deux bataillons de mobiles.

Plusieurs prolonges, bien attelées et destinées au transport des sacs, vont suivre de près la colonne du centre, celle qui doit entrer dans le village.

Guidés par le garde champêtre, les éclaireurs sont partis.

Le 5ᵉ bataillon forme les deux ailes, qui doivent isoler le village sur la gauche et sur la droite.

Le 4ᵉ bataillon, ayant à sa tête le colonel, va pénétrer dans Clamart. En même temps, le fort raccourcissant son tir, qui jusqu'alors avait Châtillon pour objectif, crible d'obus le haut Clamart.

On est arrivé sur la place de la mairie, en face de laquelle se trouve la boulangerie, but de l'expédition. Rapidement poulie et cordages sont montés, et les sacs de farine, un à un, descendent et s'empilent dans les fourgons avancés à cet effet.

Un campanile surmonte la mairie. Le colonel Rambaud y envoie un officier.

A peine ce dernier est-il arrivé à cet observatoire que la fusillade éclate sur la gauche. Dominant le pays, l'officier peut voir, dans un parc voisin, les Prussiens, en assez grand nombre, prendre leurs dispositions de défense...

Nos mobiles ont pénétré par une ruelle jusqu'au parc. Une grille les arrête. Avanceront-ils, reculeront-ils ? C'est dans cette situation quelque peu critique qu'il faut soutenir le combat.

Le but de l'expédition n'étant pas de pousser au loin l'aventure, mais simplement de donner le temps de charger le butin, on se contente de maintenir sa position.

En moins d'une heure, l'opération était terminée. Les fourgons partent au grand trot des chevaux et emportent au fort une cinquantaine de sacs de farine.

Il ne restait plus qu'à rentrer soi-même dans ses quartiers en bon ordre.

Deux ou trois morts, autant de blessés, devaient figurer au passif de la reconnaissance.

A son actif, outre la farine, qui n'était pas à dédaigner, nous porterons la confiance en eux-mêmes, que ce premier engagement avait donné à nos conscrits.

Le soir, au mess, Calmettes, aide-major du 4e bataillon, faisait circuler une balle toute déformée qu'il avait extraite des reins d'une des victimes de la journée.

Pauvre petit moblot, il se croyait invulnérable !

Malgré nos avertissements, il ne cherchait même pas à se défiler le long des maisons, dans le renfoncement des portes. Au milieu de la rue qui faisait face à la grille du parc, il tirait, tiraillait sur un ennemi invisible, masqué par un mur ou caché dans les massifs du jardin.

Tout à coup, il fait une pirouette, jette les bras en l'air et, en s'affaissant, vomit le sang à flots !

La balle, qu'on se passe de main en main, l'avait frappé en plein cœur. Il portait cependant deux de ces fameux plastrons, inventés par un de ces spéculateurs toujours prêts à abuser de la naïveté populaire !

Il se croyait invulnérable, le pauvre petit moblot !

De la vie à la mort, quel court passage ! quel imprévu ! Notre bon ami Calmettes, le docteur, qui discourt en ce moment, se doute-t-il qu'avant huit jours il aura rejoint le petit moblot !

Notre pauvre garde champêtre, qui échappera aux Prussiens, peut-il supposer un instant que ce seront des Français qui viendront un jour l'assassiner lâchement pendant son sommeil !

Tous nos jeunes gens, certes, ne sont pas devenus des petits saints : témoins les frères Arnould, ces deux gredins, qui, entre eux, jouaient du couteau à l'italienne, ces deux misérables, que leur capitaine tenta vainement de faire passer en conseil de guerre pour avoir, entre autres peccadilles, violé et assommé une vieille femme.

Mais qui eût vu, dès le mois d'octobre, nos mobiles du fort d'Issy, n'aurait jamais reconnu les écervelés de Mourmelon et de Saint-Maur.

La petite saignée de l'expédition des farines — suivie de plusieurs autres — les avait fait réfléchir. Ils dépouillaient le gamin, et de jour en jour se transformaient en soldats.

Si les liens de la discipline étaient encore trop relâchés, un acte même d'indiscipline allait les resserrer, surtout dans la compagnie où se passa le fait.

Un soir, à l'appel de la 8ᵉ compagnie du 4ᵉ bataillon, deux hommes manquaient, Rozier et Barbilly.

Il ne se passait guère d'appel qu'il n'y eût un ou deux manquants. Paris est à si courte distance et a de tels charmes ! Pour un jour de salle de police ou de prison, nos délinquants savaient devoir en être quittes ; aussi ne se privait-on pas du petit voyage !

Mais, le lendemain, le surlendemain, Rozier et Barbilly font encore défaut à l'appel.

Pour ne pas enfreindre le règlement et couvrir sa responsabilité, le capitaine est obligé de les porter, au rapport, comme déserteurs.

On ne s'expliquait pas une absence aussi prolongée de la part de ces deux hommes, considérés jusqu'alors comme de braves garçons ; et, dans la caserne, les camarades commentaient, chacun à leur manière, cette « bordée » de trois fois vingt-quatre heures.

Le quatrième jour, dans la matinée, Rozier arrive au fort, pâle, défait, la capote en lambeaux, les mains en sang, méconnaissable.

— Et Barbilly, de lui demander son capitaine, en l'abordant ?

— Barbilly ?... tué, mon capitaine !...

Nos deux mobiles étaient partis à la maraude dans Clamart. Chargés de leur butin, tranquillement ils reprenaient la route du fort, lorsqu'au détour d'une rue, ils se trouvèrent en présence d'une ronde prussienne.

Avant qu'ils n'eussent pu faire demi-tour, Barbilly roulait dans les jambes de son camarade, comme un lapin frappé par le plomb du chasseur...

Rozier passe sur le corps de Barbilly, et détale, sans être atteint par les balles qui lui sifflent aux oreilles.

Il se jette sur le côté, où il voit la porte d'une maison entr'ouverte ; pénètre dans un jardin ; saute par dessus un mur en pierres sèches ; traverse une haie, derrière laquelle il croit trouver la campagne ; et, c'est dans un autre jardin qu'il tombe... Il écoute ; il entend ou croit entendre les pas, la voix de l'ennemi qui est à sa poursuite. Un puits est devant lui. Affolé, il se saisit de la corde fixée à la margelle ; il se laisse glisser ;... la corde rompt, et le malheureux tombe au fond du puits.

Le puits renfermait peu d'eau et avait une partie de sa maçonnerie éboulée — heureusement pour notre Parisien !

Abasourdi par sa chute, combien de temps resta-t-il sans connaissance ? Il ne sut le dire...

Quand il reprit ses sens, il faisait nuit close, et, il lui semblait toujours entendre les Prussiens, au-dessus de sa tête. Avec le jour, le courage remonta au cœur de l'infortuné mobile.

Pour sortir de là, il lui fallait desceller à-demi, le long des parois du puits, les plus larges pierres, pour s'en servir comme de marches. Avec son sabre-baïonnette, il mit quarante-huit heures à exécuter ce travail. L'eau-de-vie de son bidon avait soutenu ses forces pendant ces trois jours de jeûne.

Pour le remettre de ses émotions, il fut conduit à la prison, où on lui porta la soupe. L'infirmerie lui aurait mieux convenu.

Après avoir plaidé les circonstances atténuantes, son capitaine obtint pour lui le transfert.

Deux jours suffirent pour remettre sur pied notre gaillard, qui ne dut plus être tenté des petites reconnaissances individuelles. Son exemple servit de leçon aux camarades amateurs de maraude.

*
* *

Ce qui ruina définitivement la maraude, fut une maraude générale, organisée militairement. Par scrupule ou par négligence, l'autorité laissait perdre les récoltes d'arrière-saison, qui recouvraient d'assez vastes espaces, toute la zone comprise entre les avant-postes des deux parties belligérantes.

Il était bien certain que les propriétaires n'oseraient jamais tenter le sauvetage de leurs récoltes.

Pourquoi les laisser perdre ?

Quelques « chapardeurs », explorateurs de l'école des Barbilly et des Rozier, se risquaient dans les jardins, dans les vignes, dans les champs pour rapporter un butin bien maigre, faute, souvent, de moyens de transports. Non seulement la discipline souffrait de cet état de choses, mais encore pour un boisseau de pommes de terre rapporté au fort, combien étaient gâchés !

Tout le monde ne sait pas récolter la pomme de terre !

Un rural pourrait vous dire qu'il faut procéder à l'instar du sanglier, qui va droit devant lui, en suivant le sillon, arrachant touffe par touffe ; et, non pas comme le porc, qui *mulote* à gauche, à droite, recouvrant de terre avec son grouin deux touffes avant d'en arracher la moitié d'une.

Nos « sondeurs » parisiens travaillaient suivant la seconde manière...

Le scrupule de s'approprier le bien d'autrui, scrupule exagéré en cette circonstance, étant levé, on procéda avec méthode.

Deux compagnies avec leurs cadres devaient servir à cette opération.

L'une, déployée en tirailleurs, en vue des bois de Clamart, couvrait l'autre, chargée de déterrer les pommes de terre, de les entasser et de les charger dans les fourgons qui portaient le butin au fort. Là, les officiers de distribution faisaient la part de chacun.

Cette opération fut renouvelée plusieurs fois, jusqu'au jour où il n'y eut plus rien à glaner.

Ces expéditions gastronomiques, on s'en doute bien, ne se firent pas sans échange de horions. Plus d'une fois, les travailleurs durent abandonner la pioche pour le chassepot, afin d'aller dégager leurs camarades compromis.

Souvent aussi, on était devancé par les Prussiens. Les saucisses et les andouilles ne leur suffisaient plus. Ils voulaient encore y joindre la parmentière, les goinfres ! Quelques coups de fusil leur faisaient quitter les terrains découverts et regagner rapidement la lisière des bois.

*
* *

Un rideau de forêt relie Meudon à Clamart.

Quelques coquets cottages, quelques somptueuses villas s'adossent à cette forêt.

Il n'est point un de ces cottages, il n'est point une de ces villas, il n'est point une de ces avenues de la forêt qui n'ait été le théâtre d'une ou plusieurs rencontres.

*
* *

Dans une maisonnette, là, sur la gauche, un matin, Girard, commandant la compagnie des éclaireurs, surprend un parti de Hessois, en train de faire la fête. Après une courte lutte, nos Allemand s'enfuient... Quelques-uns sont cernés : ils mettent bas les armes, et Girard rentre triomphalement au fort avec sa demi-douzaine de prisonniers.

Parmi ces prisonniers, se trouvait un sous-officier, vigoureux garçon d'une trentaine d'années, à la barbe et aux cheveux noirs, qu'une balle reçue dans la jambe avait arrêté dans sa fuite.

A son arrivée à l'ambulance, le docteur Beaumanoir, ayant sondé sa blessure, lui déclara que l'amputation était nécessaire. Le malheureux manquait absolument de résignation...

Le 13 octobre, lors du combat de Bagneux, un seul homme, croyons-nous, avait été atteint au fort d'Issy. C'était un jeune artilleur de dix-huit ans, de l'ex-garde impériale, Alsacien de naissance. On avait dû lui faire l'amputation de la jambe, opération que cet enfant supporta héroïquement et qui réussit très bien, du reste, comme la plupart de celles faites hors des hôpitaux, ces centres d'infection.

Quoique guéri, notre petit soldat était resté auprès de cet excellent docteur Beaumanoir, qui l'avait pris en affection. Quand survint le sous-officier hessois, il servit d'interprète, et dans son patois, tout en sautillant et gambadant sur son unique jambe, il décida l'Allemand à se livrer aux opérateurs.

Nous voyons toujours la figure sombre de cet homme. Au bout de deux mois, sa guérison était complète ; mais une tristesse indéfinissable restait peinte sur les traits de ce mutilé. Il repoussait d'un regard haineux toute avance, même du petit Alsacien, son gai compagnon d'infortune. Il n'était sensible qu'à l'offre d'un cigare. Dans la fumée, cet enfant des brouillards du Rhin aimait à engourdir sa pensée !

*
* *

Sous la futaie, aux pieds de son capitaine appuyé contre un arbre, le sergent Gervoise, un genou en terre, suit, du bout du canon de son fusil, un ennemi qui traverse en courant une petite clairière... Les balles sifflent dans les branches ; les branches cassent ; l'écorce des arbres vole en éclats ; Gervoise est sur le dos !... Pâle comme un mort, il se relève, et, à pleins poumons, il crie en agitant son képi en l'air : « Vive la République ! »

Malheureux toqué, brave à ses heures ; propre à rien, quand il était à jeun ; dangereux, quand il était sous la domination de l'absinthe ; victime désignée du delirium tremens !

Il tremble encore...

Une balle a déchiré la bretelle de son fusil, frôlé le bois de la crosse, enlevé un tantinet de l'épiderme de sa main droite et troué sa manche en bas et en haut !

Coup bien singulier !

*
* *

Nous sommes en plein bois de Clamart. Là, au bout de cette avenue, est une barricade contre laquelle on viendra souvent se heurter.

C'est là que doit tomber Suterliter, notre brave caporal tambour.

C'est là que le lieutenant Plaisance, en voulant sauver ses blessés, recevra lui-même une douloureuse blessure.

Aujourd'hui, le commandant Delclos dirige la reconnaissance. Il a l'air de chercher la mort. Les balles pleuvent autour de lui; il n'en continue pas moins à caracoler sur son petit cheval alezan, en vue de la barricade. Il est las de la vie !.. Il lui faudra pourtant patienter jusqu'au mois de mai prochain. A Montmartre, il trouvera ce qu'il cherche vainement aujourd'hui.

Le capitaine Guyonnet, exalté seulement par

son courage, enlève sa compagnie et la conduit à l'assaut.

Frappé d'une balle en pleine poitrine, il ne fera entendre que des paroles patriotiques à notre camarade, le docteur Fiaux, qui étanche le sang bouillonnant de sa blessure. Il va mourir !..

Heureux Guyonnet, mort au champ d'honneur !

Pauvre Fiaux, que son bon cœur n'arrêtera pas un jour sur la pente funeste de l'ambition !

* *
*

Par une belle après-midi d'octobre sortie d'un épais brouillard, journée où la bonne Vierge se plaît à dévider les longs fils de son céleste fuseau, huit à dix officiers s'éloignaient du fort, à petits pas, devisant gaîment, la pipe aux dents ou la cigarette aux lèvres.

Ces effluves âcres de l'automne grisent certaines natures, natures champêtres qui rêvent perdreaux maillés, bécasses blondes.

Saint Rémi, saint Denis, quel beau jour pour vous fêter[1] !

Deux fanatiques de chasse précèdent la petite troupe et, armés de Lefaucheux, poursuivent une grive blindée, ensorcelée, qui, voletant d'arbre en arbre, les entraîne hors des vignes, où le reste de la compagnie est à grapiller. Le charme est rompu : un coup heureux a abattu la grive ! On accourt féliciter le tireur. C'est le commencement de la douzaine, courage ! Notre tireur, enflammé par ce premier succès, a des visées plus hautes. La forêt l'attire. Un chevreuil, l'autre jour, a bondi devant des éclaireurs; toute une famille de paons, échappée de Meudon, sans doute, a été aperçue, à la dernière reconnaissance, traversant une ligne de la forêt. Un paonneau à la broche, quel fier rôti ? Allons, risquons-nous ! Nos deux porteurs de fusil franchissent le mur, qu'ils ont devant eux, par une brèche que le

[1] A la Saint-Rémi
Les perdreaux sont perdrix.

A la Saint-Denis
Bécasse en tout pays.

Deux vieux dictons de chasse.)

canon du fort semble avoir faite exprès pour eux...
Et, toute la bande joyeuse de les suivre...

Chevreuils, paons étaient au fourré sans doute :
pas même une mésange n'a volé !

On est arrivé sur cette lisière du bois qui borde
le Val-Fleury. Une élégante habitation a ses
grilles ouvertes devant nos promeneurs. Serait-
ce là le château de la Belle-au-Bois-Dormant?
Quel calme !

— Je vous présente, messieurs, la villa du
maréchal Canrobert, dit l'un d'eux, élégant mon-
dain fort lancé naguère dans la société de la
cour. Si vous voulez le permettre, je vais vous en
faire les honneurs !..

On a déjà vu des maisons pillées, mais celle-ci
va nous offrir le type du genre.

Que de haine a passé par là !

Tentures, meubles, ont disparu. Ce que le vol
n'a pu soustraire a été brûlé. Dans les cheminées
on voit encore fragments de fauteuils, de chaises,
de tables. Les lambris ont été sondés, et vomissent
des platras ; les parquets sont soulevés de place
en place. Des débris de toute sorte jonchent les
dalles du vestibule ; le verre grince sous la botte,
car les cristaux semblent avoir eu le don d'exciter

plus particulièrement la rage des dévaliseurs. Glaces d'ameublement, vitres des fenêtres et des portes, services de table ont été réduits en miettes.

Au milieu de ce désastre, un piano ouvert frappe tout d'abord l'attention. Une table, formée de tréteaux et de planches, surchargée de bouteilles vides et de verres encore teintés de vin, donne à penser que d'autres visiteurs sont venus ici depuis peu.

On n'ose parler. On écoute. Cette demeure trouble plus que la solitude de la forêt. Malgré soi, on est anxieux... Si l'ennemi était dans le voisinage; s'il allait apparaître...

Le musicien de la bande a été attiré par le piano.. Timidement il plaque quelques accords... Il s'arrête aussitôt comme effrayé de sa témérité. Les sons de cet instrument semblent étranges... La maison entière en vibre encore !..

Rien ne bouge dans le parc... On est bien seuls... Ah ! rions donc !..

Notre pianiste, cette fois, attaque vigoureusement le quadrille d'Orphée aux enfers.

D'instinct, deux par deux, on se prend par la

main, et la danse commence, danse échevelée, galop infernal !...

Tout à coup les doigts du pianiste restent glacés sur les touches, les jambes des danseurs clouées au sol...

A dix pas, sur le perron, comme la statue du Commandeur, comme le spectre de Valentin au dernier tableau du *Petit-Faust*, est apparu un gigantesque Prussien !

Dans chaque main il tient... une bouteille, et semble en menacer, comme de pistolets monstrueux, nos Parisiens.....

Le premier danseur revenu de sa surprise, se détachant du groupe, va droit à l'intrus et lève la main sur sa vaste bedaine...

Celui-ci a vu le mouvement, a saisi l'intention ; plus mort que vif, il fait demi-tour, s'empêtre dans son grand sabre, perd pied, et, du haut du perron, roule de marche en marche jusque dans le jardin.

Mais on entend des voix.

La plaisanterie poussée plus loin pourrait tourner au tragique.

En deux temps, quatre mouvements, le perron est franchi. On saute par-dessus le nourrisson de la Sprée, énorme tonne de choucroute, qu'humecte le liquide des deux fioles brisées dans sa chute... Et, pris d'un fou rire, on gagne les champs.

Rentrés au fort, les héros de cette escapade ne se vantèrent pas de leur témérité.

*
* *

Voici Meudon.

Cinq mille Allemands occupent, dit-on, le palais de l'Altesse Rabelaisienne. De jour, il serait imprudent d'en approcher.

Par une nuit étoilée, mais sans lune, quatre-vingts volontaires, chaussés d'espadrilles, le sabre-baïonnette — sans fourreau — passé dans le cuir du ceinturon, sous la conduite de trois officiers, gravissent le pas-de-souris qui mène au chemin couvert. Par le flanc, quatre par quatre, ils longent les murs du cimetière d'Issy et débouchent dans la campagne. Arrivés à la tranchée du chemin de fer, ils dédoublent les files, et, homme par homme, le long de chaque talus, on avance avec précaution.

Les premières maisons du bas Meudon se détachent en lignes sombres sur un ciel sans nuages. Un poste ennemi les occupe et barre la route.

On s'arrête.

Un jeune garçon de quinze ans, indigène du Val-Fleury, dont père et mère ont été tués par les Prussiens, a-t-il dit, sert de guide.

Par précaution sage mais inutile, le chef de l'expédition l'a gardé auprès de lui, le menaçant de lui casser la tête de son revolver s'il fait mine de trahir.

L'enfant sait donc à quoi s'en tenir. La vengeance seule est son mobile. Il ne bronchera pas, brave petit cœur !

Il connaît une ruelle, là sur la gauche ; mais, pour y arriver il faut passer à cinquante pas du poste prussien.

En rampant, la tête de colonne allait se risquer en avant, lorsque tout à coup une vive lumière vient éclairer l'espace à franchir.

Un de « ces soleils de nuit » établi sur un bastion de notre fort, croyant sans doute nous venir en aide, avait tourné vers nous son éclatant foyer.

L'appareil électrique, nous cherchant peut-être, dirige enfin ses rayons sur un autre point. On a profité de l'ombre pour gagner un à un la ruelle indiquée.

On débouche sur la place de la Mairie.

Au petit jour, un groupe d'officiers a l'habitude de s'y rendre. Il s'agit de les enlever. C'est là le but de l'entreprise.

Deux rues aboutissent à la place; c'est par l'une d'elles que doit arriver l'ennemi.

Les deux lieutenants du chef de l'expédition ont à surveiller chacun une rue.

Cachés avec leurs hommes au rez-de-chaussée des maisons d'angle, ils doivent laisser les Prussiens s'engager sur la place et leur fermer la retraite.

Défense absolue de faire feu.

Deux heures, trois heures d'attente s'écoulent ! La nuit est calme; dans le lointain, le pas cadencé de quelque ronde..., un jet de lumière électrique qui fouille le pays...

Malgré le froid qui est assez vif — on est aux premiers jours de novembre — les hommes ne bronchent pas. Le froid augmente d'intensité, signe avant-coureur du jour...

De nouveau, on entend des pas..., ils se rapprochent...

Anxieux, chacun est à son poste.

Ici, dans la maison d'école, le revolver au poing gauche, le sabre dans la main droite, deux mobiles à ses côtés — baïonnette au canon — l'officier qui commande a cru un moment que l'ennemi allait être pour lui... Il reprend haleine... le bruit des pas encore une fois s'est éloigné...

Quelques minutes de silence se passent, quand, à l'autre extrémité de la place, quatre ou cinq détonations successives éclatent avec fracas... et de la place même arrive ce cri désespéré :

— Sauve qui peut !...

. . . .

Ah ! le sang-froid, quelle belle qualité pour faire la guerre !

*
* *

A part les vingt-trois jours de bombardement, où les nerfs de l'officier et du soldat ne cessèrent d'être tendus, la vie au fort fut très supportable.

On était de service un jour sur deux, soit de grand'garde, soit de piquet. L'autre moitié du temps était employée aux travaux de terrassement[1] ou aux reconnaissances dans les différents coins sur lesquels nous venons de porter notre souvenir.

La préoccupation des vivres, qui absorbait toutes les facultés de l'habitant de la ville, sans cesser d'intéresser vivement nos mobiles, était reléguée au second plan. Il faut dire qu'un pain blanc, d'excellente qualité, ne leur aurait probablement jamais manqué, si le puits qui fournissait l'eau, si le four qui fournissait le feu, n'eussent été démolis par le canon de Châtillon, le 5 janvier.

Les officiers tentèrent bien, comme nous l'avons vu, de chercher dans la chasse quelque supplément délicat aux viandes de conserve ou de cheval, mais leurs recherches furent généralement vaines.

---

[1] Les ouvrages défensifs de la rive gauche ont été exécutés en entier par les troupes dans tout ce qu'ils avaient de périlleux et de difficile. — *Le Siège de Paris*, par le général Vinoy, t. II, p. 363.

Le 19 septembre, lièvres, renards, affolés par la canonnade, étaient venus se jeter dans les fossés du fort — il en était résulté de bien bonnes scènes. Depuis, les petits oiseaux eux-mêmes avaient disparu, comme par enchantement !

Du reste, la chasse fut interdite, au bout de peu de temps, à la suite d'une émotion violente du colonel Porion.

Ce brave colonel, faisant fonction de général, commandait la brigade qui, en cas d'attaque, devait se tenir entre les forts d'Issy et de Vanves.

Un jour, suivi de son état-major, il longeait un chemin creux, bordé de haies, menant au fort de Vanves, lorsqu'à vingt pas de lui un coup de feu éclate !

Son cheval se cabre. Il se croit déjà tombé dans quelque embuscade. Il met l'épée à la main, tandis que son escorte — des lanciers — tombe la lance en arrêt.

Rien ne bouge.

Deux hommes se détachent et vont fouiller le clos, d'où l'on a vu s'élever la fumée. Ils reviennent presque aussitôt, précédés de notre camarade Fr... tenant à la main un moineau, le dernier moineau du pays.

Pour punition, Fr... dut prendre les arrêts le lendemain. De ce jour, la seule chasse permise, et encore en service commandé, fut celle du Prussien.

Le colonel Porion avait pour divisionnaire le général Corréard. Les insuccès de ce général lui valurent, de la part de nos mobiles railleurs, le surnom sinistre de « Corbillard » .

L'affaire la plus grave, dont il eut la responsabilité, fut la seconde attaque du Moulin-de-Pierre, pendant le bombardement; échec prévu, quand on se rappelle les préliminaires du combat.

Dans la nuit du 9 au 10 janvier, le colonel Porion avait lancé notre 5e bataillon, avec quelques compagnies de gardiens de la paix publique et de fusiliers marins, contre ce Moulin-de-Pierre, où l'ennemi venait d'établir une batterie de mortiers. On enleva une vingtaine d'hommes, on détruisit quelques mètres d'ouvrage, on encloua quelques pièces; mais le nombre des ennemis venant à augmenter, on dut se replier après ce petit succès.

Le 13 [1], dans la nuit, on voulut tenter à nouveau un coup de main sur cette redoute de plus en plus gênante pour Issy, mais cette fois avec des forces relativement considérables.

Une division entière, la division Corréard, sous la conduite de son chef, fut chargée de l'entreprise.

Dès sept heures du soir, les troupes arrivent bruyamment se masser derrière la gare, derrière la batterie de Clamart, dans la grande tranchée du chemin de fer, dans la petite tranchée qui relie Vanves à Issy. Sacs et bidons ont été emportés par le soldat, absolument comme si l'on avait l'intention de lui faire percer les lignes prussiennes.

Le froid est intense. Les hommes battent la semelle. Les bidons, les quarts, les sabres-baïonnettes s'entre-choquent et font une musique qui rappelle vaguement quelque ranz des vaches.

Oui, depuis sept heures, les troupes sont là

[1] Notes et pièces justificatives n° 6.

massées dans les tranchées, et l'attaque ne doit avoir lieu qu'à minuit !..

L'ennemi n'aurait pas eu de forces suffisantes sous Paris pour repousser cette nouvelle agression, qu'il aurait eu le temps vraiment d'en faire venir d'Orléans !

Aussi, au fort, jugeait-on sévèrement cette manière, d'un nouveau genre, de préparer l'attaque.

Les Prussiens, qu'on espérait surprendre, étaient, bien entendu, sur leurs gardes.

Un feu de mousqueterie convergent, d'une extrême violence, accueille nos têtes de colonne.

Deux compagnies de marins sont faites prisonnières. Les mobiles de la Somme et de l'Ain, qui suivent, sont bousculés et rejetés pêle-mêle dans la tranchée du chemin de fer, tranchée profonde, dont le talus est à pic en cet endroit.

La déroute est complète.

Le canon de Meudon, détournant un instant son feu du fort d'Issy, fait rage.

Au bruit insolite de la mousqueterie, deux compagnies du fort (3e et 8e du 4e bataillon) sont allées à la rescousse. Le brave colonel Rambaud les conduit. Elles prennent position dans la tranchée-abri, qui relie les chemins couverts à la gare de Clamart, et cherchent à protéger la retraite.

Placé alors à l'intersection de cette tranchée-abri et de la grande tranchée du chemin de fer, où viennent s'engloutir des compagnies entières, nous nous rappellerons toujours la débâcle dont nous fûmes témoin ; nous verrons toujours les malheureux mobiles de l'Ain et de la Somme, enfilés par les vingt-quatre pièces de la terrasse de Meudon, tombant comme des capucins de carte, les uns sur les autres !

Spectacle terrible, dont le souvenir nous trouble encore !

Ah ! messieurs les députés, messieurs les sénateurs, qui par vos votes devez décider de la paix ou de la guerre, combien parmi vous trembleraient en mettant le bulletin fatal dans l'urne, s'ils avaient seulement une fois assisté à semblable carnage.

*
* *

Pauvre fort d'Issy, vaisseau désemparé, faisant eau de toutes parts, on n'ose plus t'aborder.

Il fut un temps, encore bien rapproché, où tu étais le rendez-vous « à la mode ».

Que de nombreux états-majors on y a vus parader. Le général Trochu, gouverneur de Paris, le général de Chabaud-Latour, grand-maître du génie, y venaient de temps en temps. Seuls, pendant le bombardement, ils en ont repris la route.

Parmi les grands chefs, un des plus assidus était le ministre de la guerre, le général Le Flô. Nos Parisiens ne manquaient jamais de le saluer du vers tragique de Racine :

Le flot qui l'apporta recule épouvanté...

Le général Blanchard, entre deux manœuvres, est souvent venu se reposer ici. Quel beau grenadier devait faire cet homme, il y a vingt ans ! Aujourd'hui, il est voûté encore plus par la fatigue que par l'âge. Désillusionné, écœuré, comme tant d'autres, de tout ce qu'il voit, de tout ce qu'il entend, il ne cache pas assez ses tristes pressentiments. C'est lui qui du haut du rempart, portant alternativement son regard de Châtillon sur le malheureux fort, laissait échapper cette parole :

— Quel joli nid à bombes !

Il prophétisait.

Citons encore le général Pélissier. Physiquement, il ne rappelle guère le vainqueur des Russes, le duc de Malakoff, son frère. Son équipage est modeste. Un fiacre le descend ordinairement à la gorge du fort. Enveloppé dans une longue houppelande noire, parapluie sous le bras, pantalon retroussé, le voilà parti pour trottiner sur les courtines, sur les bastions. Quel excellent type !

Outre ces divisionnaires, ces « grosses légumes », comme les appelaient nos mobiles, nous pourrions rappeler bien d'autres visiteurs, qui ont excité ou curiosité ou sympathie.

Arsène Houssaye est venu pour passer quelques heures au fort. Il y couchera par suite d'une alerte. Peut-être un jour trouverons-nous dans ses mémoires le récit de cette originale soirée.

Quelquefois le marquis de Beauvoir, capitaine des mobiles de la Somme, sera l'hôte des officiers du 4e bataillon. Pendant le bombardement, la lecture de son voyage autour du monde a eu le don de nous distraire de nos cruels soucis. Nous lui exprimons encore une fois ici toute notre reconnaissance.

Le commandant Farcy, l'homme à la canon-
nière, quittait de temps en temps son bord pour
le nôtre. Encore un qui, pour arriver plus vite, a
pris les chemins de traverse. Est-il plus avancé
aujourd'hui ? Les luttes glorieuses de ses anciens
frères d'armes ne le font-elles pas rêver à certaines heures ?...

*
* *

Pauvre fort d'Issy, il va falloir te quitter !

Un ordre — ordre supérieur auquel il faut se
soumettre — est venu te surprendre, t'atterrer.

Paris est aux abois !

La patrie agonise !

La paix s'impose, paix aussi cruelle qu'il
plaira à l'ennemi de la dicter.

Allons, rends tes armes ! Aux Jules Favre de
prendre la plume ; à l'encre et aux larmes de
couler maintenant !

Mais, avant de te dire adieu, avant de clore ce
cours de misères et d'amertumes, cette longue
suite de tristesses, si rarement interrompue par
quelque pâle sourire, permets à un de tes plus

humbles défenseurs d'aller te contempler encore une fois là-bas dans la campagne.

*
* *

Le 19 janvier, le tir des batteries de Châtillon et de Meudon avait été hésitant.

Le Mont-Valérien, lui, tonnait de toutes ses pièces.

Un dernier effort était tenté vers l'Ouest pour rompre le cercle de fer qui, depuis quatre mois, jour pour jour, étreignait Paris.

On connaît les résultats de cette sortie, soi-disant en masse, où les plus exaltés — la veille — refusèrent de combattre. Ils se réservaient pour d'autres luttes...

Malgré cette défection, au premier choc, l'ennemi avait été ébranlé.

Le contre-coup de notre élan se fit ressentir jusqu'à Versailles, où, dit-on, le nouvel Empereur et son Méphisto, l'odieux Bismark, plièrent bagages.

On se rappelle la circonstance qui empêcha de profiter du trouble jeté dans les rangs ennemis : l'impossibilité d'amener nos canons sur les hauteurs, faute de chevaux valides ! — ils étaient restés embourbés avec leurs attelages dans les terres détrempées par le dégel.

Guerre fatale, où les éléments eux-mêmes sont contre nous !

Rassurés par notre inertie, les Prussiens nous firent payer cher leur trop courte panique.

Quant à vous, Parisiens *fêteurs*, Buzenval vous fera pardonner bien des faiblesses !

Si, le 19 janvier, l'ennemi avait ralenti le bombardement des forts du sud, avec quelle fureur il le reprit dès le lendemain !

Est-ce l'assaut qu'il prépare ?

Veut-il en finir avec Paris, et profiter du désarroi, où l'a jeté sa dernière défaite ?

Qui sait ?

Au fort d'Issy, l'inquiétude est grande.

En cas d'attaque de vive force, sur qui peut-il compter comme soutien ? sa garnison est exténuée.

Où sont les troupes qui doivent lui venir en aide ?

***

Le 24 janvier, vers trois heures de l'après-midi, M. R... reçoit, par l'intermédiaire du capitaine adjudant-major de service, l'ordre du général[1] d'aller se rendre compte des forces extérieures qui soutiennent le fort à l'ouest.

R... choisit dans sa compagnie un brave garçon pour l'accompagner, et rendre compte de la reconnaissance, à sa place, si quelque accident survenu en chemin ne lui permettait pas de remplir lui-même sa mission jusqu'au bout.

Sans sabre, le revolver à la ceinture, un bâton à la main, suivi de son soldat, il descend dans le fossé par la poterne du front (3-4).

Le fossé est à moitié plein déjà des décombres de l'escarpe et des revêtements du rempart. Il le franchit et arrive au pas-de-souris qu'il gravit lestement.

A peine est-il au faîte, que derrière lui tombe un obus, qui, sans éclater, roulant de marche en marche, renverse le soldat en train de monter l'escalier. Notre mobile se relève péniblement de sa chute et rejoint son chef en traînant la jambe. Ils traversent ensemble le chemin couvert et la

---

[1] Le colonel Guichard venait d'être promu général.

lunette, qui protège ce côté vulnérable du fort ;
puis, ils s'engagent dans la tranchée qui mène à
une batterie de deux pièces de 24, batterie sur
laquelle on fondait tant d'espérance pour neutra-
liser les feux de Châtillon... On comptait sans
Meudon !

Malgré traverses, parapets, cavaliers, travaux
d'art de toute sorte, Meudon lui tiendra la bouche à peu près close. Ce n'est qu'à de bien rares
intervalles qu'elle pourra placer son mot dans
la conversation bruyante qui se fait autour d'elle.

On arrive à cette batterie, ayant de la boue
par dessus les bottes.

R... échange une poignée de main avec l'officier d'artillerie qui commande ces pièces muettes,
et se remet en route, navré de la désolation de
son camarade. Il faut gagner le cimetière d'Issy,
qui est là, à cent mètres. Une tranchée y conduit :
comment la suivre? Une boue liquide la remplit à moitié et entrave la marche. Autant
prendre à travers champs. Le péril n'est guère
plus grand : peu de projectiles éclatent sur cette
terre molle, où le dégel a passé. Le danger est
surtout là derrière : ces mouches, grosses comme
des papillons, qui voltigent devant les yeux, qui

bourdonnent aux oreilles, sont tout simplement des éclats d'obus! L'escarpe les renvoit jusqu'ici. Gare aux ricochets!

R... va pour gravir le talus de la tranchée, quand son pied glisse... Son revolver, mal assujetti à sa ceinture, tombe dans la boue.

Cet accident ne doit pas l'arrêter.

Le soldat, qui l'a suivi jusqu'ici, ne peut plus se traîner : une entorse le paralyse.

Inutile de faire souffrir cet homme, inutile de l'emmener plus loin. On ne lui demandera plus qu'un service : repêcher le revolver enfoui dans un pied de vase.

R... lui donne sa canne pour s'aider à regagner le fort, et, en échange, lui prend des mains son fusil et deux paquets de cartouches.

L'arme jetée sur le dos, en bandoulière, il s'élance à travers champs, au pas gymnastique, à la grâce de Dieu!

Tout haletant il arrive aux premières sépultures. Quel effroyable spectacle s'offre à ses yeux!

C'est là qu'un Holbein, qu'un Doré, trouverait matière à exercer son imagination! Que d'émotions poignantes saurait retracer le crayon d'un maître, à l'aspect de ces tombes béantes!

Arriver là sans transition, de but en blanc, ce serait à devenir fou! Ne dirait-on pas les préludes du Jugement dernier?

Dans ce cimetière, R... a vécu : il y a passé de froides journées d'hiver, de longues nuits de grand'garde. Il connaît par leur nom tous les habitants de ce funèbre séjour. C'est en vain qu'il chercherait à les retrouver. Il n'a plus devant lui qu'un fouillis de pierrailles — sans nom, c'est le cas de le dire! — quelques ossements, blanchis par le temps, se confondant avec la pierre!

Dans un des angles de ce champ de repos, transformé en champ de bataille, existait naguère un caveau, où trois personnes pouvaient tenir à l'aise.

Sur la pierre tombale, que de fois R... n'a-t-il pas fait rencontrer le valet de carreau et la dame de pique! Que de parties de bézigue chinois lui a gagnées là son camarade Bontus!

Au milieu de ces monceaux de décombres, le voici, le caveau!

La croix, qui le surmontait, est renversée; la

grille en fer forgé, qui l'entourait, est brisée, tordue!

Une dalle en masque l'entrée maintenant.

R... est attiré par l'antre protecteur. Il veut le revoir, s'y reposer quelques instants peut-être!

Sur la pierre tombale, en fait d'enjeu, est étendu le cadavre d'un capitaine, et, dans le fauteuil, où l'on faisait si bien sa sieste, un lieutenant blessé est assoupi.

Ce dernier, au bruit des pas de R..., soulève péniblement la tête,... du regard, il lui montre à terre un bidon.

Il a soif, le malheureux! et, pour éteindre sa fièvre, c'est du vin qu'il va boire!

L'interroger? Il ne pourrait répondre.

Il faut aller ailleurs chercher des renseignements.

R... est arrivé au mur qui fait face à Meudon.

De ce mur, crénelé avec soin au début du siège, il ne reste plus qu'un pan, de loin en loin.

Quelques sentinelles sont masquées derrière les plus grosses piles, et dans l'angle mort, qui est à gauche, un groupe d'hommes se tient accroupi.

Voici un sentier battu, qui conduit jusqu'à eux...

A leur costume, R... reconnaît des gardiens de la paix publique. Combien sont-ils? Telle est la première question qu'il adresse à leur chef, un sous-lieutenant.

Une compagnie, depuis huit jours, occupe le cimetière. Elle est réduite à quarante hommes. Ce jour même, le capitaine a été tué et le lieutenant blessé. Ils sont là dans le caveau : l'un reposant du dernier sommeil, l'autre luttant contre la mort !

Une voiture d'ambulance profitera des ombres de la nuit pour venir faire sa cueillette quotidienne, et chargera, ce soir, côte à côte, le moribond et le cadavre !

Le sous-lieutenant survivant des officiers de la compagnie expliquait à R... la position de l'ennemi. Il lui montrait un talus, le long de la route qui mème d'Issy au bas Meudon, en avant de l'ancien pont du chemin de fer — à trois cents mètres d'eux à peine — derrière lequel se tient un poste allemand.

Le jour était à son déclin. Pour mieux voir,

R... se démasque et fait quelques pas hors du cimetière.

Deux éclairs brillent à ses yeux; deux balles frappent le mur derrière lui et tombent aplaties à ses pieds!

La position de cet avant-poste ennemi était suffisamment reconnue...

Il faut pousser plus loin.

Sur la droite se trouve le parc d'Issy, transformé en camp retranché.

Pour y parvenir, il faudra sans doute essuyer encore une fois le feu de l'ennemi. Peu importe, le métier le veut!

Le temps presse. En moins d'une demi-heure, on peut y aller et en revenir, si Dieu le permet!

Dans ce parc d'Issy, de puissantes batteries sont tournées vers le Point-du-Jour, côté faible de l'enceinte parisienne. Leur rôle sera nul.

Deux pièces seulement du plus gros calibre, deux pièces de 24-court, peuvent tirer sur Meudon. Mais, enfouis dans leurs tranchées blindées, les artilleurs prussiens en font cas comme de deux roquets qui japent!

Par qui ces pièces sont-elles soutenues?

Encore et toujours par des gardiens de la paix! Ah, les braves gens!

Un bataillon de gardes nationaux a été désigné pour leur servir d'auxiliaires. Il est resté en route, paraît-il.

C'est le fameux 101ᵉ. Il a comme chef le non moins fameux Serizier, de sinistre mémoire...

Officiers et soldats se sont arrêtés à l'église d'Issy, où l'orgie va son train ordinaire. Serizier, revêtu de l'étole du prêtre, est ivre-mort sur les marches de l'autel!

Ici, les assassins ; là-bas, les otages!

Gardiens de la paix, veillez!

Pour rentrer au fort, R... va retourner sur ses pas.

La nuit commence à envelopper de ses voiles la campagne. Tantôt à droite, comme un spectre énorme, lui apparaît, entre deux jets de lumière, la carcasse incendiée du château de Meudon. Tantôt à gauche, une traînée de feu enveloppe la silhouette du fort d'Issy : plus de trente canons s'unissent pour répondre à l'ennemi. Bordée terrible! le sol en tremble!

Il faut traverser encore une fois le cimetière. R... ne s'y attardera pas.

Il salue de la main le sous-lieutenant, qui se lève sur son passage, il jette un dernier coup d'œil sur le caveau témoin jadis des mille d'as et des quinze cents ! . . . .

. . . .

Dissimulés derrière les quelques pans de mur qui restent debout, les sergents de ville, ces anciens soldats d'Afrique, de Crimée, d'Italie, montent leur faction avec le même flegme que l'an dernier sur le boulevard.

On vient de les baptiser du nom de gardiens de la paix !

Braves gardiens de la paix, veillez !

. . . .

. . . .

A l'aspect de ces désastres, de ce sang répandu injustement, de ces morts troublés jusque dans leur tombe, tout en étant prêt à donner sa vie pour la plus noble des mères, pour la France en danger, comment ne pas laisser échapper ce cri du plus profond de son cœur :

« Législateurs présents et futurs, puissiez-vous mériter, vous aussi, le nom de ces modestes défenseurs de la Patrie, puissiez-vous, à votre tour, vous appeler les gardiens de la Paix ! »

IV

L'HOTEL DU SOLEIL D'OR

de la garde Mobile de la Seine

hissaient l

joindre leurs   depuis

de longs mois, à pars   l'invasion.

Sahib inv.   Clapès sc.

IV

Le 9 mars 1871, la Garde Mobile de la Seine
était licenciée.

Dès le soir, bon nombre des jeunes gens qui la
composaient, soldats improvisés, rendus à la vie
civile, qu'ils croyaient ne devoir plus quitter, enva-
hissaient les gares de chemin de fer pour aller rejoindre leurs familles, exilées en province depuis
de longs mois, depuis leur fuite devant l'invasion.

Tristes, sans doute, des malheurs de la patrie vaincue, ils n'éprouvaient pas moins une joie secrète à la pensée de pouvoir enfin serrer sur leur cœur cette mère, ces sœurs, qu'il y a six semaines encore, en plein bombardement, ils ne comptaient guère revoir !

*
* *

Edouard R... était de ce nombre. Impatiemment, et tout en mâchonnant un cigare, il attendait dans la gare de l'Ouest l'heure du départ du train qui allait bientôt l'emporter vers la Normandie.

Xavier B..., pauvre garçon sans famille, lui, restait à Paris ; mais il avait voulu mettre en wagon son fidèle ami Edouard.

Capitaines de mobiles, l'un et l'autre, ils avaient fait tous deux, durant la guerre, consciencieusement leur devoir. Depuis longtemps camarades, les événements du dernier mois du siège avaient développé singulièrement leur sympathie réciproque, et l'amitié, qui aujourd'hui les unissait, n'était pas certes une amitié banale.

A l'accolade qu'ils se donnèrent, au moment

de se séparer, on les aurait pris pour deux frères ne devant plus jamais se revoir...

Mais l'absence d'Edouard ne devait pas être longue.

*
* *

La tourbe parisienne se sentait libre, enfin ! Toute force organisée avait disparu, ou à peu près, puisqu'une division seule — composée, on sait comment ! — restait pour maintenir l'ordre parmi ces cent mille gardes nationaux surexcités, surchauffés par l'alcool et la haine !

Tout le monde connaît aujourd'hui, dans ses minces détails, l'histoire de la journée du 18 mars. Nous n'avons pas l'intention de la rééditer.

Tout le monde sait que quelques hommes, au cœur vaillant — la persuasion n'étant plus de saison — tentèrent de la résistance.

On se rappelle que quelques Parisiens dévoués à la cause de l'ordre, officiers et soldats des meilleurs bataillons de la garde mobile et de la garde mobilisée, se groupèrent dans l'espérance de conserver certains points importants de la capitale, au cas échéant où l'armée retirée à Versailles tenterait de rentrer dans Paris.

Ils occupaient la Bourse, le Grand-Hôtel, etc...
La nouvelle s'en était répandue en province, et
bon nombre des nouveaux débarqués s'arra-
chaient encore une fois des bras de tous ceux qui
leur étaient chers pour courir encore une fois au
devoir.

Quand ils arrivèrent, tout espoir était perdu!

L'amiral Saisset, autour duquel on se grou-
pait, à tort ou à raison, avait abandonné la
partie...

*
* *

Edouard, tenu au courant des événements par
les journaux et surtout par son ami Xavier, dès
le 22 mars, était rentré dans Paris.

Il avait assisté avec quelques camarades à la
dernière manifestation de la place de la Bourse...

On ne s'explique pas comment ces cent mille
fédérés ne tentèrent pas d'enlever ce millier
d'hommes à peine armés et pour ainsi dire sans
munitions.

L'audace en impose vraiment!

L'amiral Saisset était parti, et nos deux amis
n'avaient pas encore perdu tout espoir.

Edouard avait retrouvé, place de la Bourse,

quelques-uns de ses anciens soldats, braves jeunes gens, habitants de l'île Saint-Louis, cette petite province au cœur même de Paris. En relations avec la plupart des familles de ce quartier, sachant la population dévouée à l'ordre, ils le sollicitaient d'accepter comme chef la défense de leurs foyers.

.... Refuser, c'eût été manquer de cœur...

Dès le lendemain, Edouard faisait porter son uniforme et ses armes chez le jeune M.., ancien sous-officier à sa compagnie, garçon tout à fait déterminé, d'un grand sang-froid, et, ce qui était précieux dans la circonstance, parfaitement bien posé dans le quartier.

C'est chez M.. qu'avaient lieu les réunions préparatoires.

Les adhérents arrivaient en foule...

Tout semblait devoir marcher à souhait, lorsque le 2 avril, comme Edouard était déjà sur le pas de sa porte, prêt à se rendre à l'île Saint-Louis, un de ses anciens soldats arrive, tout hors d'haleine, lui disant de prendre le large — et au plus vite, — que tout est découvert, que la maison de M... a été pillée et que lui Edouard est vivement recherché.

L'hésitation n'était pas possible.

Après être remonté chez lui, avoir pris un sac de voyage, rempli à l'avance (dans les temps que l'on traversait, il fallait être prêt à tout, aussi bien à fuir, qu'à se battre), il se dirigea en toute hâte vers la demeure de l'ami Xavier.

Celui-ci avait le revolver au poing pour le recevoir, le chapeau de voyage sur la tête.

Après avoir escaladé une montagne de meubles, on pouvait voir, dans un coin, une valise toute bouclée.

— Eh quoi, cher ami, une barricade..., des projets de fuite... Que se passe-t-il donc ici ?

— Il se passe ce que tu devines avec tant de sagacité. Dénoncé comme suspect, sur le point d'être arrêté à tout moment, je me disposais à aller te retrouver dans ton île Saint-Louis.

— Comme cela se trouve ! moi qui venais te demander asile et protection, ayant messieurs de la Commune à mes trousses..... L'île Saint-Louis? Fini, enterré!..

— Eh bien, mon excellent bon, il faut rebrousser chemin.

— Non pas, très cher. Tu vas me suivre, et *presto, prestissimo,* nous filons à Versailles. La situation s'aggrave d'heure en heure... Enfin, il en est peut-être temps encore... Partons, te dis-je !

Sur un signe d'Edouard, le brave garçon, qui l'avait averti et accompagné jusque-là, porteur de son sac, s'empara de la valise de Xavier, et, avec sa double charge, partit comme un trait pour la gare Saint-Lazare, où nos deux amis, après cette conversation à bâtons rompus, ne furent pas longs à le rejoindre.

*
* *

Les gardes nationaux de faction, sur les trottoirs, dans les salles d'attente, sur les quais d'embarquement, étaient tous à moitié ivres. Ce fut une véritable chance pour nos fugitifs, qui, se faufilant dans la foule, purent prendre place dans un wagon.

Le train une fois ébranlé, ils croyaient bien avoir brûlé la politesse à Paris et aux Parisiens. Ils comptaient sans leur mauvaise étoile... Ils n'en avaient pas fini avec ces derniers.

Après un petit quart d'heure de marche, à Asnières, le train de stopper... Que se passait-il ?

Ayant mis la tête à la portière, les voyageurs
purent voir, le long de la voie, de nombreux
faisceaux et des gardes nationaux encombrant
les quais.

Les uns faisaient la soupe, d'autres entou-
raient une forte gaillarde, qui, le poignard au
côté, le fusil en bandoulière, sous cet attirail
martial, versait des rasades à ces Messieurs...

Bon nombre cuvaient leur vin...

A la hauteur de la locomotive, deux individus,
bottés jusqu'au haut des cuisses, galonnés sur
toutes les coutures, l'écharpe rouge autour des
reins, parlementaient avec le mécanicien et le
chef de train. Que voulaient ces deux mata-
mores avec leurs grands gestes?

Les voyageurs inquiets, n'osant pas trop re-
garder à l'extérieur, comprenaient que rien de
rassurant ne se préparait pour eux... Déjà un
certain nombre de ces guerriers, à la mine de
bandits, étaient grimpés sur les marchepieds des
wagons, inspectant l'intérieur des voitures, l'insulte, la menace à la bouche... lorsque enfin la
locomotive s'ébranla à nouveau et entraîna rapidement le train dans la campagne...

Nos communards avaient été sur le point de

faire rétrograder le train jusqu'à Paris, d'où l'arrêt et les pourparlers en question.

Par quel hasard, par quelle chance le laissèrent-ils continuer sa route? Nous ne saurions le dire. Toujours est-il que les trains suivants n'eurent pas le même bonheur : ce fut le dernier, en effet, qui quitta Paris, à peu près régulièrement, pendant la Commune.

*
* *

Pour se rendre à Versailles, en ce temps-là, c'est à Rueil qu'il fallait descendre. C'est donc là que nos deux amis s'arrêtèrent.

La journée était bien avancée: il était plus de trois heures de l'après-midi.

Maintenant qu'ils se voyaient en sûreté, rien ne les pressait: aussi, remirent-ils au lendemain leur départ pour Versailles.

En attendant, ils allèrent déposer leurs valises à l'auberge de l'endroit, l'hôtel du *Soleil-d'Or,* situé sur la place de l'Église. Après avoir commandé leur diner, fait préparer leurs chambres, et s'être assurés d'une voiture pour le lendemain matin, ils partirent à pied faire un tour

de promenade dans la direction de la Malmaison, qu'ils n'avaient pas revue depuis leurs
excursions à Bougival — avant la guerre — le
temps, déjà lointain, des folles amours !

Les abattis d'arbres faits par les Allemands ou
par les Français, pour obstruer les routes, étaient
encore là, rejetés simplement sur les côtés de la
voie, qui commençait à être fréquentée, depuis
surtout que le siège du gouvernement légal
était installé à Versailles.

Edouard et Xavier regardaient d'un œil assez
indifférent ces vestiges de la guerre étrangère...

Lèur attention n'était attirée que par les inscriptions qu'on pouvait lire sur les grands arbres
bordant la route : quelques sentinelles, pour
passer le temps, s'étaient amusées à les graver
là avec la pointe de leur couteau — tous les
enfants du peuple ont cette passion.

D'un côté, les inscriptions françaises ; de l'autre,
les inscriptions allemandes : par elles, il était
facile de déterminer la ligne de démarcation qui
séparait les deux armées. Ce n'était que par la
différence d'idiome que l'on aurait pu établir
cette ligne ; car, d'un côté comme de l'autre, les
pensées étaient les mêmes, toutes tournées vers

le même objet, plus sentimentales sans doute chez le soldat d'outre-Rhin que chez le moblot des rives de la Seine ou de la Marne, gaulois par le sang, par l'esprit... La femme, rien que la femme, préoccupait cette jeunesse faite pour l'amour et non pour la mort... — Gourmande!

Aussi, sur ces arbres labourés de balles, quand on voyait quelques traces de sang, et au-dessus, deux noms, deux cœurs voluptueusement entrelacés, si blasé que l'on fût sur ces sortes d'émotions, qui aurait pu ne pas sourire amèrement?

*
* *

Nos deux amis furent tirés de leurs réflexions psychologiques par un bruit de pas de chevaux venant du côté de Rueil.

Ils avaient l'oreille trop exercée pour ne pas reconnaître immédiatement l'approche d'une troupe.

En effet, bientôt apparurent quelques ve-dettes, suivies de près par une avant-garde de fantassins.

C'était l'armée française!

Pauvre armée française, qui t'aurait reconnue?

Où étaient tes brillants régiments de la garde impériale, tes impétueux bataillons d'Afrique? Captifs en Allemagne, ou dissous! Il ne te restait même pas tes petits mobiles, soldats de la dernière heure, pleins d'inexpérience, sans doute,... mais aussi de bonne volonté!

L'armée française d'alors, l'armée versaillaise, qui venait de livrer son premier combat contre la Commune, ne se composait encore que de quelques milliers d'hommes.

Dire, à première vue, que les quelques pelotons, qui formaient toute sa cavalerie, étaient de chasseurs, de dragons ou de lanciers, eût été hasardeux, car lanciers, dragons, chasseurs marchaient pêle-mêle, confondus, semblant s'être empruntés réciproquement quelque lambeau de leur uniforme.

Par les cavaliers, jugez des fantassins!

Pauvres hommes dépenaillés qui venaient de donner à la France agonisante, à l'Europe attentive et inquiète, une lueur d'espoir; qui venaient d'affirmer par leur attitude correcte vis-à-vis des ennemis de la société que le bon droit n'était pas complètement mort.

Il restait, sans doute, beaucoup à faire, mais,

dès cette première journée, l'élan était donné. Dès cette rencontre de Courbevoie, où un médecin était tombé première victime, assassiné sous les yeux de la troupe, toute crainte de voir cette troupe passer à la Commune, comme au 18 mars, à Montmartre, était évanouie. Le sang du docteur Pasquier criait vengeance, et de ce jour le soldat ne demandait plus qu'à en être l'instrument.

Grâce à l'énergique activité du Chef du Pouvoir exécutif, dont bien des actes, certes, sont sujets à caution, mais qui, à cette époque, fut, on peut l'affirmer, à la hauteur des circonstances, cet embryon d'armée devait devenir, en peu de jours, une force respectable, suffisante pour comprimer, pour étouffer lentement, mais sûrement, la guerre civile, limitée, par bonheur, à la capitale.

*
* *

Nos deux compagnons qui avaient quitté Paris — on sait en quelle hâte — ayant négligé de déjeuner, n'avaient pas besoin de cette promenade pour avoir l'appétit ouvert.

Aussi trouvèrent-ils certain plaisir à se mettre

à table et firent-ils honneur au dîner de maître
Cantrel, hôtelier du *Soleil-d'Or*.

Aussi, la nièce de ce brave homme était si
gentille, si gracieuse; elle servait d'une façon si
aimable, cette petite Louison!... Comment ne pas
trouver parfait tout ce qui passait par ses mains?

Quel mélange charmant d'enjouement et de
tristesse dans la causerie franche et naïve de
cette jeune fille de seize ans, qui, d'un regard de
femme, avait jugé ses hôtes. Elle parlait avec
eux sans crainte, leur racontait l'histoire des
siens et la sienne, histoire commune, hélas! à
bien des familles...

Orpheline, elle venait d'être recueillie par sa
tante, quand la guerre survint... Il fallut quitter
Rueil et s'installer dans un faubourg de Paris,
où, malgré leur aisance relative, la nièce, l'oncle
et la tante eurent bien de la misère... Dans le
courant de janvier, la pauvre tante mourut de
froid ou de faim...

A l'armistice, la jeune fille ramena à Rueil son
unique soutien dans la vie, son malheureux
oncle, affaissé sur lui-même et ne pouvant se remettre du coup qui l'avait si cruellement frappé...
Là, on trouva la maison aux trois quarts déva-

lisée, occupée par les Prussiens, ces êtres grossiers et insolents, amateurs de pendules, sans doute, mais aussi de jolies filles... Et la pauvre Louise exposait à ces deux jeunes gens, qu'elle voyait pour la première fois, toutes ses terreurs de vierge effarouchée, tant était grande sa confiance dans les deux nouveaux arrivés.

Dans ces moments de trouble, de guerre étrangère, de guerre civile, où la Patrie et la société sont en danger, on a toujours pu constater un singulier rapprochement (pourquoi cesse-t-il après!) entre gens du peuple et gens du monde, entre pauvres et riches.

Pour peu qu'une lueur de sympathie se fasse jour entre deux êtres qui ne se connaissaient pas la veille, tout de suite, de part et d'autre, on en arrive aux confidences. Un besoin indicible de causer, de parler de soi et des siens s'empare de ces gens qu'ont bouleversés les événements. Mais alors que la tourmente tire à sa fin, ce besoin de raconter ses propres affaires arrive à son apogée!

Aux confidences de la jeune fille, nos deux officiers ne manquèrent pas, à leur tour, de faire succéder l'histoire de leur fuite de Paris et ne déguisèrent en rien leur manque de sympathie pour la scélérate engeance, maîtresse de la capitale.

La soirée se passa ainsi en causeries, et, après avoir demandé pour le lendemain matin, à neuf heures, la voiture qui devait les emmener à Versailles, les deux fugitifs allèrent se coucher...

*
* *

Il était sept heures du matin.

Edouard, dont la chambre donnait sur la place de l'Eglise, depuis plus d'une heure, dans un demi-sommeil, se tournait et se retournait dans son lit, ne pouvant chasser de son esprit des réminiscences de guerre. Il lui semblait entendre encore un cliquetis de baïonnettes, comme pour une prise d'armes. Il avait beau enfoncer sa tête dans l'oreiller, le bruit persécuteur le poursuivait toujours.

N'y tenant plus, d'un bond il fut à bas du lit; et, bien éveillé, cette fois, à travers les volets de sa fenêtre, il put s'assurer qu'il ne rêvait pas!

Sur la place, devant lui, se dressait une

longue file de faisceaux... et le va et vient
d'hommes, en capotes bleues, vertes, marron, ne
laissa aucun doute, hélas! dans son esprit sur
l'identité de ces gêneurs.

C'étaient les Communards!

Dans le plus simple appareil, il courut frapper
à la porte de l'ami Xavier, qui, de son côté,
venait de s'éveiller, fort surpris du bruit fait
dans la maison, quoique sa chambre donnât
sur une cour de derrière.

Celui-ci vint ouvrir, les yeux tout bouffis encore
par le sommeil, et ne put réprimer un juron
énergique à l'aspect tout décontenancé de son
ami.

— Sabre de bois! que se passe-t-il donc?

Quelle drôle de maison!... On ne peut donc
pas dormir tranquille ici? Que signifie ce vacarme?...

— Ce vacarme signifie, mon bon ami, qu'il
était écrit que nous ne leur échapperions pas...

— A qui?... à quoi?... Que veux-tu dire?

— Je veux dire qu'il faut t'habiller en toute
hâte, que je vais en faire autant de mon côté, et
qu'après, nous aviserons à sortir de ce guêpier.

— Comprends pas... tiens, je me recouche...

Tu ne veux pas?... Eh bien! alors, sans parler par
énigme, dis-moi tout de suite ce qui te taquine
ce matin.

— Encore et toujours les Communards, excellent ami.

— Les Communards? Ah, bah!

— Comme j'ai le regret de te le dire. Mais,
assez causé comme cela; nous ne sommes, ni
l'un ni l'autre, en tenue convenable pour recevoir ces messieurs... il nous faut mettre autre
chose que des gants...

*
* *

Au bout de dix minutes, Xavier avait rejoint
Edouard dans sa chambre, et tous deux, derrière
le volet, le nez collé aux vitres, regardaient avec
inquiétude les allées et venues de ces soldats de
contrebande.

Au-dessous d'eux, le vacarme était arrivé à
son comble...

C'était un bruit de tables que l'on pousse, de
verres que l'on choque, entrecoupé de vociféra-
tions sauvages.

Ayant entr'ouvert la porte qui donnait sur le

couloir pour tâcher de saisir quelques mots, à la volée, sur les projets de ces vaillants soldats, une bouffée d'air imprégnée d'absinthe et de tabac, leur apporta par l'escalier ces lambeaux de phrases :

— Nous sommes trahis, hurlait celui-ci !

— Encore une campagne de faite, gueulait cet autre, avec cette intonation canaille propre aux naturels de Charonne et de Ménilmontant.

Puis, au milieu du brouhaha, une voix glapissante sembla faire un discours, quand tout-à-coup plus de cent bouches poussèrent ensemble ce même cri :

— A mort, à mort !

Nos deux amis se regardèrent dans le blanc des yeux... Était-ce à eux que s'adressaient ces mots : A mort, à mort ?

C'était peu probable. Jusqu'alors, rien ne pouvait leur faire supposer qu'ils étaient découverts.

Mais, néanmoins, ces cris : A mort, à mort ! n'avaient rien de rassurant.

Ces bêtes fauves semblaient avoir quelque victime toute prête et devoir verser son sang avant peu !

Une fois en train, le sort de tout individu, tant soit peu suspect, qui leur serait tombé sous la main, eût été clair.

Il ne fallait pas être découverts.

On ferma la porte, sans bruit, et, pour le moment, on se tint coi dans la chambre.

Dix heures étaient déjà sonnées, et aucun changement n'était survenu dans la situation de nos jeunes gens. L'oreille tendue, collée maintenant contre le plancher, aux quelques mots qui arrivaient jusqu'à eux, ils purent comprendre que Versailles était l'objectif de la sortie communarde, mais que bon nombre de ces messieurs trouvaient la promenade déjà longue et ne demandaient qu'à rentrer à Paris, d'autant plus qu'ils se déclaraient trahis !...

Trahis ! non, ils ne l'étaient pas ; mais, pour cette fois, ils avaient tout lieu de le supposer.

Leur chef leur avait promis le Mont-Valérien, pour ce jour-là même ; et, lorsqu'ils s'y présentèrent, l'accueil qu'ils y reçurent les refroidit tellement, que beaucoup ne voulurent pas pousser plus loin l'aventure.

La discussion était on ne peut pas plus vive, quoique tous parussent d'accord maintenant sur

la question du retour à Paris, mais ils ne voulaient pas y rentrer avec leur chef, le traître...
naturellement; et, en bons révolutionnaires, ils
se promettaient, selon leur expression imagée,
de lui faire passer le goût du pain.

*
* *

Quelqu'un monte l'escalier, quelqu'un est dans
le couloir... mais ce n'est pas là le pas d'un
ennemi, c'est le pas léger d'une femme... C'est
la petite Louise qui, inquiète pour ses amis de
la veille, vient timidement frapper à leur porte !
Aucun doute que nos fédérés passent la
journée dans l'hôtel à se goberger.
Il serait imprudent de rester dans cette chambre, où, à tout moment, l'un d'eux peut s'aviser
de monter... Aussi Louise, fait-elle grimper Xavier et Edouard dans le grenier, où bientôt elle
trouve moyen de leur apporter un déjeuner fort
substantiel.
Du coup, le visage des deux amis, soucieux
depuis le matin, de s'épanouir et de reprendre
leur bonne humeur naturelle; mais celui de la
pauvre Louise aurait paru bien animé à ses

clients d'en bas, s'ils eussent songé à s'occuper d'elle ! Ah dame ! une jolie fille ne sauve pas ainsi impunément deux jeunes gens, sans que ceux-ci ne lui témoignent un peu vivement leur reconnaissance !...

*
* *

Midi venait de sonner au clocher qui était à quelques mètres de l'unique lucarne du grenier, quand passant devant cette lucarne pour gagner l'escalier, la jeune fille s'arrêta court... et, portant le doigt à l'oreille, elle commanda le silence.

On écoute. Ce sont des coups de feu dans le lointain, il n'y a pas à s'y tromper... La fusillade augmente... C'est à Bougival qu'on se bat, peut-être même déjà à la Malmaison.

Les trois jeunes gens de porter la table et les chaises sous la lucarne et de s'y installer. De là ils peuvent voir la campagne devant eux et, sous leurs pieds, la partie de la place que les rebords du toit ne masquent pas.

L'intérieur de l'hôtel, si bruyant, il y a une heure, était devenu presque calme : seuls quelques buveurs acharnés étaient restés à prendre des *canons !* en souvenir, sans doute, de ceux qu'ils avaient si vaillamment défendus là-haut, à Montmartre, en cette mémorable journée du 18 mars qui suffisait à leur gloire militaire. Les autres s'étaient levés aux premiers coups de feu : les plus prudents de ces héros tournant le dos à l'orage et filant dans la direction de la gare de Rueil, les plus braves faisant mine d'aller au combat. Mais la hardiesse de ces derniers fut sans doute bientôt refroidie, car, peu d'instants après, ils arrivaient en désordre sur la place et déchargeaient leurs armes en se sauvant. Les moins soûls de nos buveurs, voyant la panique des frères et amis, trouvaient un reste de jambes pour déguerpir à leur tour.

*
* *

La place était déserte... La fusillade avait cessé... Deux ou trois malheureux, dans leur capote en drap de billard, gisaient, sans vie ou mortellement frappés, à l'entrée de la rue qui mène à Bougival, lorsqu'un galop de chevaux se fit entendre.

Un officier d'état-major apparaît suivi de deux chasseurs, leur mousqueton sur la cuisse. Après avoir jeté un coup d'œil rapide sur la place abandonnée, il tourne bride et repart du même train qu'il est venu.

*
* *

Nos deux amis dans leur grenier avaient suivi avec un vif intérêt ces différentes phases du drame. Maintenant, pensaient-ils, il faut baisser la toile : *finita e la comedia*.

Point. Des acteurs tout à fait inattendus allaient entrer en scène !

Là-haut, derrière l'église, s'élève une colline qui domine tout le pays, la côte de Buzenval — de sinistre mémoire.

La petite Louise de s'exclamer :

— Tiens, l'artillerie !...

En effet, deux pièces de campagne viennent de s'installer, à quatre cents mètres à peine de nos amis, surplombant le bourg de Rueil et semblent pointées sur eux. Il n'y a plus personne sur la place, à qui en veulent-elles ?

Un obus vient passer à quelques mètres au-dessus du grenier, puis un second, puis un troisième... En moins d'un quart d'heure, douze ou quinze projectiles, rasant le toit de l'hôtel, éclatent de l'autre côté du pays, du côté de la gare...

Le feu cesse; et, artilleurs, caissons et canons, emportés par les chevaux au galop, disparaissent.

*
* *

Voici la ligne !

Par la rue, où s'était montré, quelques instants auparavant, l'officier d'état-major, débouchent successivement, deux par deux, des tirailleurs au pantalon garance... Ils se glissent le long des maisons... Ils ont franchi la place, les uns ayant pris à gauche, les autres à droite. Pas un coup de fusil n'a été tiré.

L'avant-garde, marchant par le flanc, est sous les fenêtres de l'hôtel du *Soleil-d'Or*. Elle s'arrête.

Mais, c'est de K... qui la commande, le capitaine de K..., une vieille connaissance...

Inutile de rester plus longtemps dans ce grenier. En bas, il doit y avoir des choses intéressantes à apprendre...

En moins d'une minute, Xavier et Edouard sont dans la rue, serrant la main au capitaine de K..., fort surpris de rencontrer d'anciens camarades en cette bagarre. Grâce aux renseignements qu'ils reçoivent de lui et à ce qu'ils savent déjà, ils peuvent reconstituer les événements de la journée.

*
* *

Sous l'inspiration et le commandement du malheureux Flourens — ce fou qui croyait pouvoir compter sur l'aide du Mont-Valérien, où il avait des accointances — les légions communardes avaient quitté Paris dès la veille au soir (explication pour nos amis de la rencontre d'Asnières) pour surprendre, au saut du lit, l'Assemblée nationale réunie à Versailles.

Grâce au sang-froid du lieutenant-colonel de Lockener, tout le monde sait aujourd'hui comment le Mont-Valérien fut sauvé.

Fureur des Parisiens, qui n'osèrent aller plus loin!... Projets de vengeance, dont les hôtes du *Soleil-d'Or* furent spectateurs!... A mort, à mort!... C'était à Flourens, au traître Flourens, que s'adressaient ces terribles menaces...

Mais, depuis le matin, Flourens sait le sort qui l'attend. Il a fui... il se cache.

*
* *

L'armée de la Commune, déjà sans cohésion, maintenant privée de son chef, se débande. Une partie regagne la tranchée du chemin de fer par laquelle elle a pu venir jusqu'à Rueil, sans être vue ; l'autre, par insouciance, voulant sans doute profiter de cette délicieuse journée de printemps, qui invitait à la promenade, avait poussé son excursion jusqu'à Bougival. Mais là, les avant-postes de Versailles, bientôt suivis de toutes les troupes disponibles, firent vivement rebrousser chemin à ces imprudents [1] . Ceux qui s'attardè-rent dans Rueil eurent à s'en repentir... On les tournait du côté de la gare, et deux pièces d'ar-tillerie — on les connaît — arrivaient à temps à Buzenval (ou plutôt à la Jonchère) pour cou-

[1] La Commune avait également tenté ce jour-là une sortie par le sud de la capitale. Elle ne fut pas plus heureuse au sud qu'à l'ouest.

Le brave général Pellé, le héros de Wissembourg, comman-dait les forces de Versailles à cette nouvelle affaire de Châtillon. Dès le début de l'action, il fut grièvement blessé.

per la retraite aux fuyards qui s'efforçaient de
gagner la tranchée.

*
* *

Le combat... la chasse, était terminée ! De si-
nistres feux de peloton vengeaient amplement
le major assassiné la veille. L'officier et le soldat se souciaient peu de faire quartier : les exé-
cutions sommaires allaient leur train. Quelques
prisonniers — au regard hébété — étaient parqués dans un coin de la place, attendant qu'il
fût statué sur leur sort ; et, sous leurs yeux, dé-
filaient des charretées de cadavres, déjà bleus
— effet de l'alcool dont avaient abusé ces misérables victimes de l'insurrection !

*
* *

Ecœurés par ce spectacle, Edouard et Xavier
étaient partis pour gagner la campagne, lorsqu'au
détour du chemin qui conduit vers la Seine, ils
furent arrêtés par le passage d'un tombereau
qu'escortaient des gendarmes.

Un homme, un cadavre, la tête et le haut du
corps complètement enveloppés dans un large

manteau noir, ne laissant voir que ses jambes, que recouvrent de longues bottes à l'écuyère, occupe seul cette voiture réquisitionnée chez un charbonnier. Pourquoi cette escorte ? pourquoi tant d'honneurs ?

Demandez-le à cet officier de gendarmerie qui le suit de près...

*
* *

Une maison isolée au bord de la Seine a attiré l'attention du lieutenant Desmarest.

Suivi de ses hommes, il y pénètre le premier. A bout portant, il essuie une décharge de revolver, sans être atteint. Dans la fumée, d'un coup de sabre, il fend le crâne à l'audacieux qui roule à ses pieds.

Le lieutenant avait fait partie de la prévôté de Paris pendant le siège ; il avait vu plus d'une fois les Parisiens en vedette.

Un gendarme ayant soulevé sa victime, il reconnaît Flourens.

*
* *

Sans crainte pour le lendemain, le soir à dîner, nos deux amis se faisaient raconter en détail par le héros de la journée cet épilogue de la sortie communarde, où Flourens, condamné par les siens, fuyant leur colère, partout entouré d'ennemis, était assommé comme une bête malfaisante, comme un chien enragé, par la main d'un gendarme, ce dernier protecteur, cette pierre angulaire, hélas! de la société moderne!

PIÈCE

le [illegible] de la journée [illegible] épilogue de la sortie
communarde, où l'homme, condamné par les
lois, fuyant leur colère, partout entouré d'ennemis, était assommé comme une bête malfaisante, comme un chien [illegible] écrasé par la main
d'un gendarme, [illegible] cette
pierre angulaire, lie [illegible] moderne!

NOTES

ET

PIÈCES JUSTIFICATIVES

PLÉBISCITE

Nº 1, page 46. — Après l'émeute du 31 octobre, le gouvernement se fit plébisciter et obtint une majorité écrasante, surtout de la part de l'armée.

POPULATION CIVILE		ARMÉE	
Oui.	326.000	Oui.	236.000
Non	53.000	Non	9.000

TOTAL GÉNÉRAL

Oui.	562.000
Non.	62.000

On peut donc dire que l'esprit de l'armée était bon.

LE BOMBARDEMENT

N° 2, page 55. — Le 2 janvier, l'ennemi fit sauter la Tour des Anglais à Châtillon, probablement dans le but de démasquer une batterie, mais le feu ne s'ouvrit pas encore et les coteaux continuèrent à demeurer silencieux. Les troupes établies plus avant firent, le 5 janvier, une reconnaissance jusqu'au Moulin-de-Pierre. Elles en chassèrent le poste bavarois, qui s'y trouvait établi, et purent constater que cette position, où nous avions eu d'abord une redoute, n'était pas encore armée. Vers le matin, trois bataillons prussiens étant accourus, la reconnaissance s'était aussitôt retirée sur ses lignes. C'est à ce moment, vers huit heures du matin, qu'une canonnade très violente se fit entendre et que l'ennemi, démasquant à la fois toutes ses batteries. ouvrit son feu contre les forts du sud.

(*Le Siége de Paris*, par le général Vinoy, tome II, page 371.)

BATTERIES ALLEMANDES

N° 3, page 57. — Une puissante batterie de vingt-quatre pièces établie sur la terrasse (château de Meudon). . . . . trois batteries placées, l'une dans le bois de Clamart et les autres sur les côteaux en arrière tiraient sur le fort d'Issy, ainsi que trois batteries installées sur le sommet du plateau de Châtillon, entre la redoute et le bord de la crête. La batterie du Moulin-de-Pierre qui ne fut établie que plus tard portait également ses feux sur Issy. Ce fort était donc attaqué par un ensemble de batteries réparties sur une ligne de hauteurs qui le dominaient ; elles avaient l'avantage de pouvoir diriger sur les bastions un feu concentrique formidable, le périmètre qui s'étend depuis la Tour des Anglais à Châtillon jusqu'au pavillon de Breteuil étant d'environ 7.000 mètres. Issy était évidemment l'objectif principal du tir de l'ennemi, qui sut habilement profiter de l'isolement dans lequel se trouve ce fort par suite de la trop grande lacune existant entre lui et le Mont-Valérien

. . . .

L'ensemble de ces moyens d'artillerie peut être évalué à environ deux cents pièces. . . .

En effet, pour s'emparer du fort d'Issy occupé par les troupes de la Commune, il a fallu armer de nouveau les mêmes batteries et reprendre le même feu que la paix avait interrompu . . .

. . . .

Le feu de l'ennemi avait été, dès le premier jour, très vif et très nourri. Dans certains moments, il fournit jusqu'à cinq ou six coups par minute, ce qui représente environ un coup par pièce et par demi-heure, et, en moyenne, 10.000 (dix mille !) projectiles par jour.

Le calibre était d'une grosseur inusitée, la portée inattendue, et sous ce double rapport, le siége de Paris a offert le spectacle d'opérations militaires des plus nouvelles.

(Le siège de Paris, par le général Vinoy,
tome II, page 372-373.)

LE CAPITAINE DALEAU

N° 4, page 62. — Le 1ᵉʳ février, la garnison du fort d'Issy rentrait à Paris, laissant la place libre aux Prussiens : telle était une des premières clauses de l'armistice consenti le 27 janvier.

La troupe avec son mince bagage — mais sans armes — accompagnée de ses officiers, qui, dès la veille, pour la plupart, s'étaient privés spontanément de leurs épées, venait de défiler, la tête basse, le cœur gonflé d'émotion, et chez quelques-uns éclatant en sanglots, devant un monsieur à lunettes — officier d'état-major du Poméranien Guillaume, le nouvel empereur... Déjà le fort était loin... On était arrivé au mur d'enceinte...

Quelques ignobles voyous — futurs héros de la Commune — guettaient l'arrivée des « capitulards », comme ils se plaisaient à appeler spirituellement les braves gens qui seuls avaient supporté l'effort de la lutte.

L'insulte à la bouche, ces assassins de gendarmes et de prêtres, qui devaient être si

brillants à Courbevoie, Rueil, Châtillon, etc.,
poursuivaient de leurs quolibets les petits
moblots et leurs chefs. C'était le coup de pied de
l'âne !

Au paroxisme de l'énervement, le pauvre
Daleau avait chargé son revolver et était prêt à
brûler la cervelle au premier drôle qui l'aurait
approché.....

La balle qu'il tenait ainsi en réserve, hélas,
était pour lui !

Après avoir quitté l'Esplanade des Invalides,
où le 4e bataillon fut campé, Daleau, comme
ses camarades, avait regagné son domicile.

Là, tremblant la fièvre, les doigts crispés, ce
paquet de nerfs voulut décharger son arme...
un coup partit et une balle se logea dans la
paume de la main de notre vieux soldat !

Au lieu de faire appeler immédiatement le
major du bataillon, le docteur Châtain ou un
médecin de son quartier — très vraisemblable-
ment on lui eût extrait le projectile sans
danger, la plaie n'étant pas encore enflammée
— le malheureux Daleau resta plus d'un mois
dans cette fâcheuse situation.

Enfin, le 9 mars, la mobile fut licenciée.
Comme bon nombre de camarades, dès qu'il
fut libre, il s'échappa de Paris.

C'est auprès d'une de ses sœurs, supérieure d'un couvent dans le département de Seine-et-Oise, qu'il se retira.

Pour son malheur, il se trouva à O...y un chirurgien ? Non pas. Un vétérinaire alors ? Pas davantage. Un sous-vétérinaire, peut-être ? ... La race n'en était pas encore inventée — vous le savez bien. Il se trouva un charcutier, tout simplement !

Cet artiste, lui voyant le bras en écharpe, lui en demanda la cause.

— Une balle dans la main, mon bon monsieur ? Rien de plus simple à enlever ! de lui dire l'Esculape Seine-et-Oisien.

Le jour même, la balle était extraite ; mais, le soir, Daleau était mort du tétanos.

Pauvre Daleau ! Pauvre *Hing !*

LE GARDE NATIONAL

N° 5, page 78. — Chaque jour, outre la ration de l'armée, 50,000 litres de vin sont transportés aux fortifications. Le chômage a vidé les ateliers ; nul travail pour l'ouvrier, nulle rémunération ; quel que soit son âge, il coiffe le képi, il revêt la capote, on l'arme d'un fusil, il reçoit sa paye régulière, une indemnité pour sa femme, une indemnité pour ses enfants. Il s'habitue à la fainéantise, avec longues stations à la cantine ; il obtient facilement des distributions de vivres et de boissons ; pour tuer le temps, il cause politique avec les fortes têtes de la compagnie ; on lui parle de l'exploitation de l'ouvrier par le patron, de la tyrannie du capital, de l'oppression exercée sur le peuple par les classes dirigeantes ; chaque cabaret est un club, chaque corps de garde est une « parlotte », et quand on est fatigué d'avoir théoriquement renouvelé la face du monde, on va faire une partie de bouchon,

que l'on commence seulement lorsque les enjeux
s'élèvent à la somme de cent francs. . . . .

. . . .

(Maxime du Camp. — *Les Convulsions de Paris*,
tome I, chap. 1ᵉʳ).

AFFAIRE DU 13 JANVIER

N° 6, page 114. — Dans la nuit du 9 au 10 janvier, le colonel Porion exécuta une reconnaissance dans le but de contrarier les travaux que l'ennemi exécutait au Moulin-de-Pierre. Vingt et un hommes furent enlevés, mais la destruction des travaux aurait demandé un temps et surtout des moyens d'action que nous n'avions pas...

Toutefois, la reconnaissance ayant réussi, le gouvernement décida qu'elle serait renouvelée dans la nuit du 13 au 14 janvier . . . .

. . . .

La reconnaissance partit vers minuit de la gare de Clamart, à l'abri de laquelle les troupes avaient été massées; mais leur concentration se fit trop bruyamment pour que l'ennemi ne fut pas aussitôt confirmé dans les appréhensions qu'avaient pu lui faire concevoir les rumeurs déjà répandues. Aussi, à peine les troupes avaient-elles commencé leur mouvement, qu'elles furent accueillies par la canonnade et la fusillade de l'ennemi, qui les mirent sur-le-champ en déroute...

(*Le Siège de Paris*, par le général Vinoy, tome II, pages 391-392.)

TABLE

—

PRÉFACE 1

I.   LE CAMP DE CHALONS (août 1870) 1
      Le départ. 3
      L'arrivée 11
      Le séjour 17
      Le retour 29

II.   LE 5 JANVIER 1871 43
III   AU FORT D'ISSY 75
IV.   L'HÔTEL DU *Soleil-d'Or*. 133

NOTES ET PIÈCES JUSTIFICATIVES

1. Plébiscite 167
2. Le bombardement 168
3. Batteries allemandes 169
4. Le capitaine Daleau 171
5. Le garde national 174
6. Affaire du 13 janvier 175

BIBLIOTHEQUE NATIONALE DE FRANCE
3 7531 04325104 1

www.ingramcontent.com/pod-product-compliance
Ingram Content Group UK Ltd.
Pitfield, Milton Keynes, MK11 3LW, UK
UKHW021210140726
13695UKWH00002B/448